SEE IT
and SAY IT
in FRENCH

Is one of the books in Signet's new language series — books that have been especially designed to meet the needs of the beginner.

Also available are Signet's SEE IT AND SAY IT IN SPANISH, SEE IT AND SAY IT IN ITALIAN and SEE IT AND SAY IT IN GERMAN.

A WORD ABOUT THE AUTHORS

MARGARITA MADRIGAL is one of America's leading language teachers. Author of the outstanding bestsellers Magic Key to Spanish, Magic Key to French and Open Door to Spanish, she is in constant demand as a lecturer in Europe and Latin America, as well as in the United States. Although she lives and teaches Spanish in New York City, she is equally at home in Rome, London, Mexico City, and Athens. An accomplished guitarist, she considers her guitar her "passport to the world."

COLETTE DULAC, a native Parisian, is a noted language expert, who in 1952 founded New York City's famous Dulac Language School. She has specialized in the teaching of French to adults by modern methods. She studied at the Sorbonne in Paris and has published numerous books in France. She is co-author of the outstanding bestseller Magic Key to French. Madame Dulac is also a successful lecturer and radio and T.V. personality.

Other SIGNET "See It and Say It" Titles

SEE IT
and SAY IT
In FRENCH

by
Margarita Madrigal
and
Colette Dulac

A SIGNET BOOK from
NEW AMERICAN LIBRARY
TIMES MIRROR

SIGNET TRADEMARK REG. U.S. PAT. OFF. AND FOREIGN COUNTRIES
REGISTERED TRADEMARK—MARCA REGISTRADA
HECHO EN CHICAGO, U.S.A.

SIGNET, SIGNET CLASSICS, SIGNETTE, MENTOR AND PLUME BOOKS
are published by The New American Library, Inc.,
1301 Avenue of the Americas, New York, New York 10019

PRINTED IN THE UNITED STATES OF AMERICA

PREFACE

It is so easy for an English-speaking person to learn French. There are so many similarities between the two languages that some people describe them as "language cousins." Thousands of words in French are similar to or identical with their English equivalents; and a great many words sound almost alike.

The approach here is **progressive.** From the very beginning, the student is on familiar ground. Many words that are in common use in both languages, that look and sound alike, and that relate to ordinary, everyday situations are used. On so firm a beginning, the student can, with confidence, proceed to more complex sentences. With every step forward he can add to his vocabulary and develop his verbal facility.

Anyone who has ever tried to learn a language by the laborious route of memorizing complex grammar rules, and has had to struggle with the numerous exceptions to these rules, will be pleasantly surprised at how easy it is to learn French with the method used in this book.

Nothing, of course, is done without effort. Nevertheless, with the help of a few simple steps conscientiously followed, learning French can be a pleasure. The method here followed makes the student want to learn. Before he has gone very far, before he is even aware of it, he will be speaking French. And he will love it.

A unique feature of this book is that each page contains one lesson by itself. Physically, this arrangement makes it easier to work with and to use the book. From the teaching and learning point of view, it is an arrangement that presents each lesson as a separate and complete unit, allowing for quicker and more direct reference.

A Few Suggestions

For the Student—The words and phrases that head each lesson are those to be studied in that lesson. Familiarize yourself with them. When you think you know them, read the rest of the lesson and study it.

The small drawings are there to make studying easier for you. With their help you can avoid doing difficult exercises and frustrating drills. You will be able to understand every word as you go along. If, however, you are in doubt as to the meaning of a word, consult the vocabulary at the end of the book.

The fact that each lesson is on a separate page should be very helpful to you in your studies. Take full advantage of this. At first, there will be a natural tendency for you to "begin at the beginning" and follow through with the lessons in regular order.

After a while, however, you will discover that the arrangement of a separate page for each lesson gives you another way of studying. You will find that you don't necessarily have to start with the first lesson and follow through in sequence. You can start wherever you wish. You can shift back and forth among the lessons; you can go on to a new lesson when you feel ready for it; you can study several lessons simultaneously, and you can keep on reviewing what you have learned, at your own convenience.

For the Teacher—The most important aim of this book is to provide you with a book that will "help you to help your students" master French.

The lessons are so presented that they can be easily adapted for dialogue teaching. You ask the questions and the student will be able to answer them.

As a teacher, you too will find "a lesson a page" a great convenience. This arrangement will help you to plan your lessons in the classroom, to assign homework and to devise tests as you go along.

The grammar section at the end of the book provides a useful list of verbs and exercises. You will find them handy in extending the scope of your teaching.

For Everybody—This book includes a traveler's word list and a pronunciation guide. If you happen to be planning a trip to France take advantage of these.

Learn French with this book. Now turn to the first lesson and start speaking in French.

CONTENTS

PRONUNCIATION GUIDE

A   The letter A is pronounced A as in star.

E   The letter E is pronounced E as in service.

É   The É is pronounced as the A in fate.

È   The È is pronounced E as in let.

I   The I is pronounced I as in machine.

O   The O is pronounced O as in obey.

U   Round your lips as if to say O, but say EE.

AU, EAU are pronounced O as in obey.

OU   is pronounced OO as in cool.

OI   is pronounced WA as in wasp.

QUE   is pronounced as the CU in curve.

QUI   is pronounced KEE.

IN, IM, AIN, AIM are pronounced A as in bank.

AN, AM, EN, EM, ANT, ENT are pronounced A as in wand.

C   is K before A, O, U and consonants.

C   is S before E, I.

CH   is SH.

G   before A, O, U, is hard as in get.

G   before I, E is pronounced S as in measure.

H   The H is always silent.

S   is pronounced Z when it appears between vowels. Otherwise it is S.

SS   is S.

As a rule, final consonants are silent.

je vais, I'm going
cinéma, movies

au, to the
théâtre, theater

Je vais‿au cinéma.

Je vais‿au théâtre.

Je vais‿au restaurant.

Je vais‿au concert.

Allez-vous‿au cinéma? *Are you going to the movies?*
Allez-vous‿au théâtre? *Are you going to the theater?*
Allez-vous‿au restaurant? *Are you going to the restaurant?*
Allez-vous‿au concert? *Are you going to the concert?*

NOTE: The sign ‿ will be used throughout the book to show when the last letter of a word is pronounced and run together with the next word.

9

je ne vais pas, I'm not going
parc, park

au, to the
musée, museum

Je ne vais pas au garage.

Je ne vais pas au ballet.

Je ne vais pas au parc.

Je ne vais pas au musée.

Allez-vous au garage? *Are you going to the garage?*
Allez-vous au ballet? *Are you going to the ballet?*
Allez-vous au parc? *Are you going to the park?*
Allez-vous au musée? *Are you going to the museum?*

allez-vous? are you going?
je vais, I'm going
au bal, to the dance

au, to the
au bureau, to the office
oui, yes

Allez-vous au bal?
Oui, je vais au bal.

Allez-vous au bureau?
Oui, je vais au bureau.

Allez-vous au
   restaurant?
Oui, je vais au
   restaurant.

Allez-vous au garage?
Oui, je vais au
   garage.

Allez-vous au cinéma? *Are you going to the movies?*
Oui, je vais au cinéma. *Yes, I'm going to the movies.*
Allez-vous au musée? *Are you going to the museum?*
Oui, je vais au musée. *Yes, I'm going to the museum.*

allons, let's go
cinéma, movies

au, to the
musée, museum

Allons au cinéma.

Allons au théâtre.

Allons au restaurant.

Allons au musée.

Allons au concert. *Let's go to the concert.*
Allons au parc. *Let's go to the park.*
Allons au ballet. *Let's go to the ballet.*
Allons au bal. *Let's go to the dance.*

12

EXERCISE

Translate the following sentences into French:

1. I'm going to the movies.
2. I'm going to the park.
3. Let's go to the theater.
4. Let's go to the restaurant.
5. I'm going to the concert.
6. Let's go to the dance.
7. I'm not going to the dance.
8. I'm going to the garage.
9. I'm going to the office.
10. Let's go to the museum.

Check your sentences with those below.

1. Je vais au cinéma.
2. Je vais au parc.
3. Allons au théâtre.
4. Allons au restaurant.
5. Je vais au concert.
6. Allons au bal.
7. Je ne vais pas au bal.
8. Je vais au garage.
9. Je vais au bureau.
10. Allons au musée.

est, is
le, the
le cheval, the horse

grand, big
le parc, the park
le sofa, the sofa

Le parc est grand.   Le piano est grand.

Le cheval est grand.   Le sofa est grand.

NOTE: Statements can be changed into questions by putting the words "Est-ce que" (is it that) before them.

        Le parc est grand. *The park is big.*
EST-CE QUE le parc est grand? *Is the park big?*
        Le sofa est grand. *The sofa is big.*
EST-CE QUE le sofa est grand? *Is the sofa big?*

NOTE: Do not pronounce the D in GRAND.

14

n'est pas, is not   **grand,** big
le bouton, the button   **le disque,** the record

Le bébé n'est pas
grand.

Le bouton n'est pas
grand.

Le chapeau n'est pas
grand.

Le disque n'est pas
grand.

Est-ce que le bébé est grand?
Is the baby big?
Est-ce que le bouton est grand?
Is the button big?
Est-ce que le chapeau est grand?
Is the hat big?
Est-ce que le disque est grand?
Is the record big?

n'est pas, is not
le livre, the book

grand, big
le canari, the canary

Le livre n'est pas
    grand.

Le chat n'est pas
    grand.

Le téléphone n'est pas
    grand.

Le canari n'est pas
    grand.

In French there are masculine and feminine words.
Masculine words take the article LE (the).

le livre, the book
le bouton, the button

le chat, the cat
le chapeau, the hat

Est-ce que le livre est grand? *Is the book big?*
Non, le livre n'est pas grand. *No, the book is not big.*

est, is   grande, big
n'est pas, is not   la, the

La maison est grande.   La montagne est grande.

La poire n'est pas grande.   La rose n'est pas grande.

Feminine words take the article LA (the).

la maison, the house   la montagne, the mountain
la poire, the pear   la rose, the rose

NOTE: Pronounce the D in GRANDE.

Est-ce que la maison est grande? *Is the house big?*

17

petit, little, small (masculine)

le sac, the purse   **le cigare**, the cigar

Le bracelet est petit.   Le chat est petit.

Le cigare est petit.   Le sac est petit.

NOTE: Do not pronounce the final T in PETIT.

Est-ce que le bracelet est petit? *Is the bracelet little?*
Est-ce que le chat est petit? *Is the cat little?*

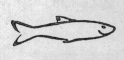

La valise est petite.   La sardine est petite.

La tasse est petite.   La fleur est petite.

NOTE: Pronounce the last T in PETITE.

Est-ce que la valise est petite? *Is the suitcase little?*
Est-ce que la tasse est petite? *Is the cup little?*

EXERCISE

Choose the correct word:

1. Le piano est (grand, petit).

2. Le sofa est (grand, petit).

3. La tasse est (grande, petite).

4. La poire est (grande, petite).

5. La maison est (grand, grande).

6. Le livre est (petit, petite).

7. La rose est (petit, petite).

8. Le cheval est (grand, grande).

The correct answers are on the next page.

grand, big   **petit,** little, small

Answers to the questions on the previous page.

1. Le piano est grand.

2. Le sofa est grand.

3. La tasse est petite.

4. La poire est petite.

5. La maison est grande.

6. Le livre est petit.

7. La rose est petite.

8. Le cheval est grand.

où est? where is?

la tasse, the cup   le verre, the glass

sur la table, on the table

Où est le café?
Le café est sur la
   table.

Où est la crème?
La crème est sur la
   table.

Où est la tasse?
La tasse est sur la
   table.

Où est le verre?
Le verre est sur la
   table.

La soupe est sur la table. *The soup is on the table.*
La salade est sur la table. *The salad is on the table.*
Le sel est sur la table. *The salt is on the table.*
Le poivre est sur la table. *The pepper is on the table.*
Le sucre est sur la table. *The sugar is on the table.*

où est? where is?

L' is THE before words which begin with the letter H or a vowel (a, e, i, o, u).

à l'aérodrome, at the airport

à l'hôpital, at the hospital

à l'université, at the university

le touriste, the tourist
le docteur, the doctor
le professeur, the professor

Où est l'avion?
L'avion est à
l'aérodrome.

Où est le touriste?
Le touriste est à
l'hôtel.

Où est le docteur?
Le docteur est à
l'hôpital.

Où est le professeur?
Le professeur est à
l'université.

est, is
est un animal, is an
   animal

le chien, the dog
le cheval, the horse

Le cheval
   est un animal.

Le chat
   est un animal.

Le chien
   est un animal.

Le lion
   est un animal.

Est-ce que le chat est un animal?
Is the cat an animal?
Est-ce que le chien est un animal?
Is the dog an animal?

REMEMBER: Statements can be changed into questions by putting the words EST-CE QUE (Is it that) before them.

24

est, is
est un fruit,
is a fruit

la pêche, the peach
la pomme, the apple

La pêche est un
fruit.

La pomme est un
fruit.

L'orange est un
fruit.

La banane est un
fruit.

Est-ce que la pêche est un fruit?
Is the peach a fruit?
Est-ce que la pomme est un fruit?
Is the apple a fruit?

est, is
est une fleur, is a
    flower

la tulipe, the tulip
la violette, the violet

La rose est une
    fleur.

La tulipe est une
    fleur.

La violette est une
    fleur.

Le géranium est une
    fleur.

Est-ce que la rose est une fleur?
Is the rose a flower?
Est-ce que la tulipe est une fleur?
Is the tulip a flower?
La tulipe est une belle fleur.
The tulip is a lovely flower.

est, is
est un légume, is a
vegetable

laitue, lettuce
carotte, carrot

La carotte est un
légume.

La tomate est un
légume.

Le céleri est un
légume.

La laitue est un
légume.

Est-ce que la carotte est un légume?
Is the carrot a vegetable?
Est-ce que la tomate est un légume?
Is the tomato a vegetable?

EXERCISE

Fill in the blanks below:

1. Le cheval est un ....

2. La banane est un ....

3. La tulipe est une ....

4. La carotte est un ....

5. Le chat est un ....

6. L'orange est un ....

7. Le touriste est à ....

8. Le docteur est à ....

The correct answers are on the next page.

Answers to the questions on the previous page.

1. Le cheval est un animal.

2. La banane est un fruit.

3. La tulipe est une fleur.

4. La carotte est un légume.

5. Le chat est un animal.

6. L'orange est un fruit.

7. Le touriste est à l'hôtel.

8. Le docteur est à l'hôpital.

WHAT TO SAY TO THE WAITER
OR TO THE DOORMAN:

s'il vous plaît, please
l'addition, the check
un verre d'eau, a glass
    of water

un bifteck, a beefsteak
sucre, sugar
garçon, waiter

Un bifteck,
   s'il vous plaît.

L'addition,
   s'il vous plaît.

Un verre d'eau,
   s'il vous plaît.

Du sucre,
   s'il vous plaît.

Un taxi, s'il vous plaît. *A taxi, please.*
When you wish to call the waiter, say: **GARÇON**

Bonjour. Good morning. Good afternoon.
Bonsoir. Good evening.
Bonne nuit. Good night.
Au revoir. Good-bye. See you again.
Comment allez-vous? How are you?
Bien, merci, et vous? Well, thank you, and you?

Merci. Thank you.
De rien. You are welcome.
Pardon. Excuse me. I beg your pardon.
Avec plaisir. With pleasure.
S'il vous plaît. Please.

avez-vous? have you?
j'ai, I have

un, une, a
oui, yes

Avez-vous un piano?
Oui, j'ai un piano.

Avez-vous une auto?
Oui, j'ai une auto.

Avez-vous un
    phonographe?
Oui, j'ai un
    phonographe.

Avez-vous une
    bicyclette?
Oui, j'ai une
    bicyclette.

il a, he has, it has (m.)
elle a, she has it has (f.)

vous avez, you have
avez-vous? have you?

Il a une auto. *He has a car.*
Il a une bicyclette. *He has a bicycle.*
Elle a un piano. *She has a piano.*
Elle a un phonographe. *She has a phonograph.*
Vous avez une auto. *You have a car.*

avez-vous? have you?
j'ai, I have

un, une, a
un chien, a dog

Avez-vous un chien?
Oui, j'ai un chien.

Avez-vous un chat?
Oui, j'ai un chat.

Avez-vous un livre?
Oui, j'ai un livre.

Avez-vous un parapluie?
Oui, j'ai un parapluie.

nous avons, we have

ils ont, they (masculine) have

elles ont, they (feminine) have

Nous avons un chien. *We have a dog.*
Ils ont un chat. *They (masc.) have a cat.*
Elles ont un chien. *They (fem.) have a dog.*

avez-vous? have you?
j'ai, I have
pain, bread
lait, milk
avez-vous du beurre? have you any butter?
j'ai du beurre, I have some butter

Avez-vous du beurre?
Oui, j'ai du beurre.

Avez-vous du sucre?
Oui, j'ai du sucre.

 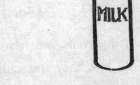

Avez-vous du pain?
Oui, j'ai du pain.

Avez-vous du lait?
Oui, j'ai du lait.

Avez-vous du café? *Have you any coffee?*
Avez-vous du thé? *Have you any tea?*
Avez-vous du chocolat? *Have you any chocolate?*

34

je n'ai pas, I haven't

avez-vous? have you?
une souris, a mouse
non, no

chez vous, at your house
chez moi, at my house
quelle horreur,
    how horrible

Avez-vous un lion chez
   vous?
Non, quelle horreur! Je n'ai
   pas de lion chez moi.

Avez-vous une souris chez
   vous?
Non, je n'ai pas de souris
   chez moi.

Avez-vous un serpent chez
   vous?
Non, je n'ai pas de serpent
   chez moi.

NOTE: Notice that the negative JE N'AI PAS is followed
by the word DE.

EXERCISE

Answer the following questions:

1. Avez-vous un piano?

2. Avez-vous une auto?

3. Avez-vous un parapluie?

4. Avez-vous du café?

5. Avez-vous du chocolat?

6. Avez-vous du beurre?

7. Avez-vous un lion chez vous?

8. Avez-vous un chat?

The answers to these questions are on the next page.

j'ai, I have
je n'ai pas, I haven't

chez moi, at my house
du, some, any

Answers to the questions on the previous page.

1. Oui, j'ai un piano.

2. Oui, j'ai une auto.

3. Oui, j'ai un parapluie.

4. Oui, j'ai du café.

5. Oui, j'ai du chocolat.

6. Oui, j'ai du beurre.

7. Non, je n'ai pas de lion chez moi.

8. Oui, j'ai un chat.

ils ont, they (masculine) have

elles ont, they (feminine) have

ont-ils? have they? (masculine)

ont-elles? have they? (feminine)

un jardin, a garden
une terrasse, a terrace
une maison, a house
un appartement, an apartment

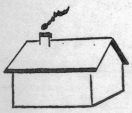

Ont-ils une maison?
Oui, ils ont une maison.

Ont-ils une terrasse?
Oui, ils ont une terrasse.

Ont-elles un jardin?
Oui, elles ont un jardin.

Ont-elles une télévision?
Oui, elles ont une télévision.

Ils ont un garage.
Ils ont un appartement.

J'ai le temps. I have time.

Je n'ai pas le temps. I haven't time.

J'ai des visites. I have company. I have visitors.

J'ai le rhume. I have a cold.

J'ai faim. I'm hungry (I have hunger).

J'ai soif. I'm thirsty (I have thirst).

J'ai froid. I'm cold.

J'ai chaud. I'm hot.

J'ai mai à la tête. I have a headache.

Vous avez raison. You are right (You have reason).

Vous avez tort. You are wrong.

Qu'avez-vous? What's wrong with you?
(What have you?)

Quel âge avez-vous? How old are you?
(What age have you?)

Albert a six ans. Albert is six years old.
(Albert has six years).

j'ai, I have	nous avons, we have
vous avez, you have	vous avez, you have (plural)
il a, he has	ils ont, they (masculine) have
elle a, she has	elles ont, they (feminine) have

J'ai préparé, I prepared (I have prepared)

la soupe, the soup   la salade, the salad
le café, the coffee   le dessert, the dessert

J'ai préparé le dessert.   J'ai préparé le café.

J'ai préparé la salade.   J'ai préparé la soupe.

j'ai préparé, I prepared
avez-vous préparé?
   did you prepare?
il a préparé, he prepared
elle a préparé,
   she prepared

J'ai préparé le café.
Avez-vous préparé
   la soupe?
Il a préparé la salade.
Elle a préparé
   le dessert.

avez-vous préparé? did you prepare?
(have you prepared?)
j'ai préparé, I prepared (I have prepared)

le poulet, the chicken   **le rosbif,** the roastbeef
le canard, the duck·   **le thé,** the tea

Avez-vous préparé
le poulet?
Oui, j'ai préparé
le poulet.

Avez-vous préparé
le rosbif?
Oui, j'ai préparé
le rosbif.

Avez-vous préparé
le canard?
Oui, j'ai préparé
le canard.

Avez-vous préparé
le thé?
Oui, j'ai préparé
le thé.

nous_avons préparé, we prepared
(we have prepared)
vous_avez préparé, you prepared
(you have prepared)
ils_ont préparé, they (masculine) prepared
elles_ont préparé, they (feminine) prepared

41

j'ai acheté, I bought
(I have bought)
un costume, a man's suit
un tailleur, a woman's suit

un, a
un pardessus,
a man's coat
un manteau, a woman's
coat

J'ai acheté un
costume.

J'ai acheté un
pardessus.

J'ai acheté un
tailleur.

J'ai acheté un
manteau.

Avez-vous_acheté un costume?
Did you buy a suit (man's)?
Avez-vous_acheté un tailleur?
Did you buy a suit (woman's)?
Avez-vous_acheté un pardessus?
Did you buy a coat (man's)?
Avez-vous_acheté un manteau?
Did you buy a coat (woman's)?

avez-vous_acheté? did you buy? (have you bought?)
j'ai acheté, I bought (I have bought)
du beurre, some butter   **du savon,** some soap
du lait, some milk   **du pain,** some bread

Avez-vous_acheté du beurre?
Oui, j'ai acheté du beurre.

Avez-vous_acheté du savon?
Oui, j'ai acheté du savon.

Avez-vous_acheté du lait?
Oui, j'ai acheté du lait.

Avez-vous_acheté du pain?
Oui, j'ai acheté du pain.

il a acheté, he bought (he has bought)
elle a acheté, she bought (she has bought)
nous_avons_acheté, we bought (we have bought)
ils_ont_acheté, they (masculine) bought
elles_ont_acheté, they (feminine) bought

43

avez-vous acheté? did you buy? (have you bought?)
j'ai acheté, I bought (I have bought)
une, a   **une jupe, a skirt**

Avez-vous acheté une
   chemise?
Oui, j'ai acheté une
   chemise.

Avez-vous acheté une
   cravate?
Oui, j'ai acheté une
   cravate.

Avez-vous acheté. une
   jupe?
Oui, j'ai acheté une
   jupe.

Avez-vous acheté une
   blouse?
Oui, j'ai acheté une
   blouse.

j'ai acheté, I bought
le billet, the ticket
le journal, the newspaper

à la gare, at the station
une revue, a magazine
un livre, a book

J'ai acheté un billet
à la gare.

J'ai acheté une revue
à la gare.

J'ai acheté un journal
à la gare.

J'ai acheté un livre
à la gare.

j'ai acheté, I bought
il a acheté, he bought
elle a acheté, she bought
nous avons acheté,
  we bought
ils ont acheté,
  they (masc.) bought
elles ont acheté,
  they (fem.) bought

J'ai acheté un billet.
Papa a acheté une revue.
Marie a acheté un livre.
Nous avons acheté
  un journal.
Ils ont acheté
  un livre.
Elles ont acheté
  une revue.

Avez-vous acheté un billet a la gare?
Did you buy a ticket at the station?

avez-vous acheté? did you buy? have you bought?

45

avez-vous acheté? did you buy?
avez-vous préparé? did you prepare?

EXERCISE

Answer the following questions:

1. Avez-vous acheté du lait?

2. Avez-vous acheté une chemise?

3. Avez-vous acheté une cravate?

4. Avez-vous acheté une jupe?

5. Avez-vous acheté une blouse?

6. Avez-vous préparé la soupe?

7. Avez-vous préparé le poulet?

8. Avez-vous préparé le café?

The answers to these questions are on the next page.

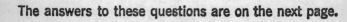

j'ai acheté, I bought   j'ai préparé, I prepared

Answers to the questions on the previous page.

1. Oui, j'ai acheté du lait.

2. Oui, j'ai acheté une chemise.

3. Oui, j'ai acheté une cravate.

4. Oui, j'ai acheté une jupe.

5. Oui, j'ai acheté une blouse.

6. Oui, j'ai préparé la soupe.

7. Oui, j'ai préparé le poulet.

8. Oui, j'ai préparé le café.

je **voudrais**, I want, I would like

je **voudrais étudier**, I want to study

je **voudrais danser**, I want to dance

chanter, to sing **demain**, tomorrow

nager, to swim

Je voudrais étudier. Je voudrais nager.

Je voudrais chanter. Je voudrais danser.

Voulez-vous étudier? *Do you want to study?*
Would you like to study?

Voulez-vous nager? *Do you want to swim?*
Would you like to swim?

Il voudrait nager. *He would like to swim.*

Elle voudrait nager. *She would like to swim.*

acheter, to buy   **un, une,** a
je voudrais acheter, I want to buy

Je voudrais acheter
une valise.

Je voudrais acheter
une pipe.

Je voudrais acheter
un chapeau.

Je voudrais acheter
un parapluie.

Voulez-vous acheter une valise?
Do you want to buy a suitcase?
Voulez-vous acheter un chapeau?
Do you want to buy a hat?

voulez-vous étudier? do you want to study?
voulez-vous acheter? do you want to buy?

EXERCISE

Answer the following questions:

1. Voulez-vous étudier?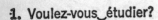

2. Voulez-vous nager?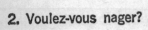

3. Voulez-vous chanter?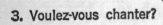

4. Voulez-vous danser?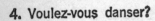

5. Voulez-vous acheter une valise?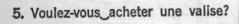

6. Voulez-vous acheter une pipe?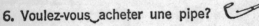

7. Voulez-vous acheter un chapeau?

8. Voulez-vous acheter un parapluie?

The answers to these questions are on the next page.

je voudrais, I want, I would like
je voudrais_acheter, I want to buy

Answers to the questions on the previous page.

1. Oui, je voudrais_étudier.

2. Oui, je voudrais nager.

3. Oui, je voudrais chanter.

4. Oui, je voudrais danser.

5. Oui, je voudrais_acheter une valise.

6. Oui, je voudrais_acheter une pipe.

7. Oui, je voudrais_acheter un chapeau.

8. Oui, je voudrais_acheter un parapluie.

To form the plural of **French** words, add the letter **S.**
Do not pronounce this **S.**

le, the (singular)　　　　**le train,** the train
les, the (plural)　　　　**les trains,** the trains

le train

les trains

le parapluie

les parapluies

le livre

les livres

le disque

les disques

sont, are (plural)

le bébé, the baby
les bébés, the babies

le bouton, the button
les boutons, the buttons

Le bébé est petit.

Les bébés sont petits.

Le canari est petit.

Les canaris sont
petits.

Le bouton est petit.

Les boutons sont
petits.

Est-ce que le bébé est petit? *Is the baby little?*
Est-ce que les bébés sont petits? *Are the babies little?*

NOTE: There is no difference between the pronunciation of PETIT and PETITS.

est, is
petit, small (singular)
petits, small (plural)

sont, are
le cendrier, the ash tray
les cendriers, the ash trays

Est-ce que le bracelet
est petit?
Oui, le bracelet est
petit.

Est-ce que les
bracelets sont
petits?
Oui, les bracelets sont
petits.

Est-ce que le livre est
petit?
Oui, le livre est petit.

Est-ce que les livres
sont petits?
Oui, les livres sont
petits.

Est-ce que le cendrier
est petit?
Oui, le cendrier est
petit.

Est-ce que les
cendriers sont
petits?
Oui, les cendriers
sont petits.

est, is
grand, big (singular)
grands, big (plural)

sont, are
le train, the train
les trains, the trains

Est-ce que le sofa est grand?
Oui, le sofa est grand.

Est-ce que les sofas sont grands?
Oui, les sofas **sont** grands.

Est-ce que le train est grand?
Oui, le train est grand.

Est-ce que les trains sont grands?
Oui, les trains sont grands.

Est-ce que l'avion est grand?
Oui, l'avion est grand.

Est-ce que les avions sont grands?
Oui, les avions **sont** grands.

NOTE: There is no difference in the pronunciation of GRAND and GRANDS.

la, the (singular)
la porte, the door
les portes, the doors

les, the (plural)
la maison, the house
les maisons, the houses

la maison

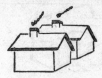

les maisons

la table

les tables

la lampe

les lampes

la porte

les portes

REMEMBER: Do not pronounce the final S in the plurals.

sont, are (plural)

la cuiller, the spoon
les cuillers, the spoons
petite, small (singular)
petites, small (plural)

l'allumette, the match
les_allumettes, the matches
la fourchette, the fork
les fourchettes, the forks

La cigarette est petite.

Les cigarettes sont petites.

La cuiller est petite.

Les cuillers sont petites.

La fourchette est petite.

Les fourchettes sont petites.

L'allumette est petite.

Les_allumettes sont petites.

NOTE: There is no difference between the pronunciation of PETITE and PETITES.

est, is
petite, small (singular)
petites, small (plural)
la couverture, the blanket
les couvertures, the
    blankets

sont, are (plural)
grande, big (singular)
grandes, big (plural)
la carte postale, the
    post card
la montagne, the mountain

Est-ce que la carte
    postale est petite?
Oui, la carte postale
    est petite.

Est-ce que les cartes
    postales sont petites?
Oui, les cartes postales
    sont petites.

Est-ce que la couverture
    est grande?
Oui, la couverture est
    grande.

Est-ce que les couvertures
    sont grandes?
Oui, les couvertures
    sont grandes.

Est-ce que la montagne
    est grande?
Oui, la montagne est
    grande.

Est-ce que les montagnes
    sont grandes?
Oui, les montagnes
    sont grandes.

est, is
bon, good (masculine)
bonne, good (feminine)
l'abricot, the apricot
les abricots, the apricots

sont, are
la pomme, the apple
la pomme de terre,
   the potato

Est-ce que la pomme
   est bonne?
Oui, la pomme est
   bonne.

Est-ce que les pommes
   sont bonnes?
Oui, les pommes sont
   bonnes.

Est-ce que la pomme
   de terre est bonne?
Oui, la pomme de terre
   est bonne.

Est-ce que les pommes
   de terre sont bonnes?
Oui, les pommes de terre
   sont bonnes.

Est-ce que l'abricot
   est bon?
Oui, l'abricot est bon.

Est-ce que les abricots
   sont bons?
Oui, les abricots
   sont bons.

sont, are
beau, beautiful, handsome (masculine, singular)
beaux, beautiful, handsome (masculine, plural)
chapeau, hat   **chapeaux**, hats

Est-ce que le bracelet est beau?

Oui, le bracelet est beau.

Est-ce que les bracelets sont beaux?

Oui, les bracelets sont beaux.

Est-ce que le chapeau est beau?

Oui, le chapeau est beau.

Est-ce que les chapeaux sont beaux?

Oui, les chapeaux sont beaux.

Robert est beau. *Robert is handsome.*
Les garçons sont beaux. *The boys are handsome.*

NOTE: There is no difference in the pronunciation of BEAU and BEAUX.

sont, are
belle, beautiful (feminine, singular)
belles, beautiful (feminine, plural)

Est-ce que la blouse
    est belle?
Oui, la blouse est
    belle.

Est-ce que les blouses
    sont belles?
Oui, les blouses sont
    belles.

Est-ce que la cravate
    est belle?
Oui, la cravate est
    belle.

Est-ce que les
    cravates sont
    belles?
Oui, les cravates sont
    belles.

Marie est belle. *Mary is beautiful.*
Les petites filles sont belles. *The girls (little) are beautiful.*

NOTE: There is no difference in the pronunciation of
BELLE and BELLES.

papa, father   à la poste, at the
maman, mother   post office
où est? where is?   à l'école, in school

Où est papa?   Où est Paul?
Papa est à la poste.   Paul est à la banque.

Où est Marie?   Où est maman?
Marie est à l'école.   Maman est à l'église.

je suis, I am   nous sommes, we are
vous êtes, you are   ils sont, they (masc.) are

Je suis à l'école. *I am in school.*
Ils sont à la banque. *They are at the bank.*

62

est cher, is expensive
ce, this (masculine)
parfum, perfume

n'est pas cher,
  isn't expensive
collier, necklace

Ce parfum est cher.

Ce sac est cher.

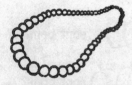

Ce collier est cher.

Ce sweater est cher.

Ce sac n'est pas cher. *This purse isn't expensive.*
Ces sacs sont chers. *These purses are expensive.*
Ces colliers sont chers. *These necklaces are expensive.*

Est-ce que ce parfum est cher? *Is this perfume expensive?*
Est-ce que ce sac est cher? *Is this purse expensive?*
Est-ce que ce collier est cher? *Is this necklace expensive?*

EXERCISE

Answer the following questions:

1. Est-ce que les livres sont petits?

2. Est-ce que les allumettes sont petites?

3. Est-ce que les avions sont grands?

4. Est-ce que les montagnes sont grandes?

5. Est-ce que les pommes sont bonnes?

6. Est-ce que les abricots sont bons?

7. Est-ce que les chapeaux sont beaux?

8. Est-ce que les blouses sont belles?

The answers to these questions are on the next page.

sont, are

bons, good (masc. plural)   **bonnes,** good (fem. plural)
beaux, beautiful   **belles,** beautiful
   (masc. plural)   (fem. plural)

Answers to the questions on the previous page.

1. Oui, les livres sont petits.

2. Oui, les allumettes sont petites.

3. Oui, les avions sont grands.

4. Oui, les montagnes sont grandes.

5. Oui, les pommes sont bonnes.

6. Oui, les abricots sont bons.

7. Oui, les chapeaux sont beaux.

8. Oui, les blouses sont belles.

aimez-vous? do you like?   **le fromage,** cheese
j'aime, I like, I love   **la salade,** salad
                                  la viande, meat

Aimez-vous la soupe?   Aimez-vous la salade?
Oui, j'aime la soupe.   Oui, j'aime la salade.

Aimez-vous le fromage? Aimez-vous la viande?
Oui, j'aime le fromage.   Oui, j'aime la viande.

je n'aime pas, I don't like
Je n'aime pas la soupe. *I don't like soup.*
Je n'aime pas le fromage. *I don't like cheese.*
Je n'aime pas la viande. *I don't like meat.*

NOTE: In French you don't say "I like soup." You must say, "I like THE soup." "I like THE cheese," etc.

aimez-vous? do you like?
j'aime, I like, I love

chanter, to sing
marcher, to walk
nager, to swim

Aimez-vous chanter?
Oui, j'aime chanter.

Aimez-vous nager?
Oui, j'aime nager.

Aimez-vous danser?
Oui, j'aime danser.

Aimez-vous marcher?
Oui, j'aime marcher.

j'aime, I like
aimez-vous? do you like?
il aime, he likes
elle aime, she likes

J'aime chanter.
Aimez-vous nager?
Il aime danser.
Elle aime marcher.

Je n'aime pas marcher. *I don't like to walk.*

aimez-vous? do you like?
j'aime, I like, I love
la campagne, the country

le poisson, fish
la musique, music

Aimez-vous le poisson?
Oui, j'aime le poisson.

Aimez-vous la campagne?
Oui, j'aime la campagne.

Aimez-vous la musique?
Oui, j'aime la musique.

Aimez-vous la France?
Oui, j'aime la France.

Aimez-vous Paris?
Oui, j'aime Paris.

Aimez-vous le riz? (rice)
Oui, j'aime le riz.

beaucoup, very much
J'aime beaucoup la campagne. *I like the country very much.*
Je n'aime pas le poisson. *I don't like fish.*

aimez-vous? do you like?
j'aime, I like, I love
étudier, to study

lire, to read
écrire, to write
écouter, to listen to
la radio, the radio

Aimez-vous lire?
Oui, j'aime lire.

Aimez-vous écrire?
Oui, j'aime écrire.

Aimez-vous étudier?
Oui, j'aime étudier.

Aimez-vous écouter
la radio?
Oui, j'aime écouter
la radio.

Est-ce que Robert aime le programme?
Does Robert like the program?
Oui, Robert aime le programme.
Yes, Robert likes the program.
Robert n'aime pas le programme.
Robert doesn't like the program.

aimez-vous? do you like?
j'aime, I like, I love
haricots verts,
    string beans
pommes de terre frites,
    fried potatoes

épinards, spinach
petits pois, peas
asperges, asparagus
olives, olives
les oeufs, eggs

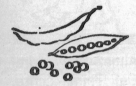

Aimez-vous les
    petits pois?
Oui, j'aime les
    petits pois.

Aimez-vous
    les asperges?
Oui, j'aime
    les asperges.

J'aime les olives.
J'aime les haricots verts.
Robert aime les pommes de terre frites.
Marie aime les asperges.
Maman aime les oeufs. (eggs)
Papa aime les petits pois. (peas)
J'aime les épinards. (spinach)

    Nous aimons les épinards.
    We like spinach.
    Nous aimons les pommes de terre frites.
    We like fried potatoes.

aimez-vous? do you like?
j'aime, I like, I love
les cerises, cherries
les fraises, strawberries
beaucoup, very much

les framboises,
  raspberries
les huîtres, oysters
les oignons, onions
les tomates, tomatoes

Aimez-vous les
    tomates?
Oui, j'aime beaucoup
    les tomates.

Aimez-vous
    les oignons?
Oui, j'aime beaucoup
    les oignons.

Aimez-vous les
    fraises?
Oui, j'aime beaucoup
    les fraises.

Aimez-vous les
    cerises?
Oui, j'aime beaucoup
    les cerises.

Nous aimons les fraises. *We like strawberries.*
Ils aiment les cerises. *They (masc.) love cherries.*
Elles aiment les framboises. *They (fem.) love raspberries.*
Nous n'aimons pas les oignons. *We don't like onions.*

71

aimez-vous? do you like?

EXERCISE

Answer the following questions:

1. Aimez-vous la soupe?

2. Aimez-vous la salade?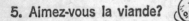

3. Aimez-vous nager?

4. Aimez-vous danser?

5. Aimez-vous la viande?

6. Aimez-vous la France?

7. Aimez-vous les cerises?

8. Aimez-vous les fraises?

The answers to these questions are on the next page.

Answers to the questions on the previous page.

1. Oui, j'aime la soupe.

2. Oui, j'aime la salade.

3. Oui, j'aime nager.

4. Oui, j'aime danser.

5. Oui, j'aime la viande.

6. Oui, j'aime la France.

7. Oui, j'aime les cerises.

8. Oui, j'aime les fraises.

In French you don't say "I went." You say instead, "I am gone." (Je suis allé).

je suis allé, I went
au cinéma, to the movies

au parc, to the park
au théâtre, to the theater

Je suis allé au cinéma.

Je suis allé au parc.

Je suis allé au théâtre.
Je suis allé à Paris.

Je suis allé, I went (when a man says it).
Je suis allée, I went (when a woman says it).

NOTE: There is no difference in the pronunciation of ALLÉ and ALLÉE.

Etes-vous allé au cinéma? *Did you go to the movies?* (man)
Etes-vous allée au parc? *Did you go to the park?* (woman)
Etes-vous allé à Paris? *Did you go to Paris?* (man)

je suis_allé, I went (when a man says it)
je suis_allée, I went (when a woman says it)
à la mer, to the seashore   **au bal,** to the dance
au musée, to the museum   **au concert,** to the
                                 concert

Je suis_allé à la mer. Je suis_allé au bal.
Je suis_allée à la mer. Je suis_allée au bal.

Je suis_allé au   Je suis_allé au
  musée.   concert.
Je suis_allée au   Je suis_allée au
  musée.   concert.

**Remember that there is no difference in the pro-
nunciation of ALLÉ and ALLÉE.**

Etes-vous_allé à la mer? *Did you go to the seashore?*
Etes-vous_allé au bal? *Did you go to the dance?*
Etes-vous_allée à Paris? *Did you go to Paris?*
Etes-vous_allé au concert? *Did you go to the concert?*

êtes-vous allé?
  did you go?
je suis allé, I went
à l'aérodrome, to the
  airport

à l'hôtel, to the hotel ·˙
à l'hôpital, to the
  hospital
à l'église, to church

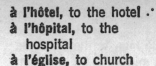

Etes-vous allé à
  l'hôtel?
Oui, je suis allé à
  l'hôtel.

Etes-vous allé à
  l'aérodrome?
Oui, je suis allé à
  l'aérodrome.

Etes-vous allé à l'hôpital?
Oui, je suis allé à l'hôpital?
Etes-vous allé à l'église?
Oui, je suis allé à l'église.

IL EST ALLÉ, he went
ELLE EST ALLÉE, she went

Il est allé à l'hôtel. *He went to the hotel.*
Elle est allée à la gare. *She went to the station.*

êtes-vous_allé? did you go?

je suis_allé, I went

à la librairie, to the book store

au marché, to the market

à la pharmacie, to the drugstore

en France, to France

Etes-vous_allé à la librairie?
Oui, je suis_allé à la librairie.

Etes-vous_allé à la pharmacie?
Oui, je suis_allé à la pharmacie.

Etes-vous_allé au marché?
Oui, je suis_allé au marché.
Etes-vous_allé en France?
Oui, je suis_allé en France.

Use EN when you say you went to countries.

Je suis_allé en France.
Je suis_allé en_Italie.
Je suis_allé en Russie. (Russia)

Use À when you say you went to cities.

Je suis_allé à Paris.
Je suis_allé à Rome.
Je suis_allé à Berlin.

77

êtes-vous allé? did you go? (when you ask a man)
êtes-vous allée? did you go? (when you ask a
  woman)

EXERCISE

Answer the following questions:

1. Etes-vous allé en France? (man)
   Etes-vous allée en France? (woman)

2. Etes-vous allé au cinéma? (man)
   Etes-vous allée au cinéma? (woman)

3. Etes-vous allé à l'église? (man)
   Etes-vous allée à l'église? (woman)

4. Etes-vous allé à l'hôtel? (man)
   Etes-vous allée à l'hôtel? (woman)

5. Etes-vous allé au concert? (man)
   Etes-vous allée au concert? (woman)

6. Etes-vous allé à la mer? (man)
   Etes-vous allée à la mer? (woman)

7. Etes-vous allé au parc? (man)
   Etes-vous allée au parc? (woman)

Remember that there is no difference in the pronunciation of "allé" and "allée."

The answers to these questions are on the next page.

je suis⁀allé, I went (when a man says it)
je suis⁀allée, I went (when a woman says it)

Answers to the questions on the previous page.

1. Je suis⁀allé en France.
   Je suis⁀allée en France.

2. Je suis⁀allé au cinéma.
   Je suis⁀allée au cinéma.

3. Je suis⁀allé à l'église.
   Je suis⁀allée à l'église.

4. Je suis⁀allé à l'hôtel.
   Je suis⁀allée à l'hôtel.

5. Je suis⁀allé au concert.
   Je suis⁀allée au concert.

6. Je suis⁀allé à la mer.
   Je suis⁀allée à la mer.

7. Je suis⁀allé au parc.
   Je suis⁀allée au parc.

au cinéma, to the movies   au théâtre, to the theater
au bureau, to the office   au restaurant, to the
                                 restaurant

Robert est allé, Robert went
Est-ce que Robert est allé? Did Robert go?
(Is it that Robert is gone?)

Est-ce que Robert est allé au cinéma?
Oui, Robert est allé au cinéma.

Est-ce que Paul est allé au bureau?
Oui, Paul est allé au bureau.

Est-ce que Robert est allé au théâtre?
Oui, Robert est allé au théâtre.

Est-ce que Paul est allé au restaurant?
Oui, Paul est allé au restaurant.

Il est allé au bureau. *He went to the office.*
Elle est allée au cinéma. *She went to the movies.*

Remember that there is no difference in the pronunciation of "allé" and "allée."

à la banque, to the bank   à la mer, to the seashore
à la campagne, to the   à l'église, to church
    country

Marie est allée, Mary went
Est-ce que Marie est allée? Did Mary go?
(Is it that Mary is gone?)

Est-ce que Marie
   est allée à la
   banque?
Oui, Marie est allée
   à la banque.

Est-ce que Marie
   est allée à la
   campagne?
Oui, Marie est allée
   à la campagne.

Est-ce que maman
   est allée à la
   mer?
Oui, maman est allée
   à la mer.

Est-ce que Louise
   est allée à
   l'église?
Oui, Louise est allée
   à l'église.

Il est allé à la banque. *He went to the bank.*
Elle est allée au théâtre. *She went to the theater.*

EXERCISE

Answer the following questions:

1. Est-ce que Robert est allé au cinéma?

2. Est-ce que Paul est allé au bureau?

3. Est-ce que Robert est allé au théâtre?

4. Est-ce que Paul est allé au restaurant?

5. Est-ce que maman est allée à la banque?

6. Est-ce que Louise est allée à la campagne?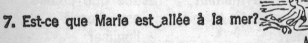

7. Est-ce que Marie est allée à la mer?

8. Est-ce que Louise est allée à l'église?

The answers to these questions are on the next page.

Robert est allé,
Robert went

Marie est allée,
Mary went

Answers to the questions on the previous page.

1. Oui, Robert est allé au cinéma.

2. Oui, Paul est allé au bureau.

3. Oui, Robert est allé au théâtre.

4. Oui, Paul est allé au restaurant.

5. Oui, maman est allée a la banque.

6. Oui, Louise est allée à la campagne.

7. Oui, Marie est allée à la mer.

8. Oui, Louise est allée à l'église.

être, to be

I am	je suis	nous sommes	we are
you are	vous_êtes	vous_êtes	you are
he is	il est	ils sont	they (masc.) are
she is	elle est	elles sont	they (fem.) are

Je suis_heureux. I am happy (when a man says it).

Je suis_heureuse. I am happy (when a woman says it).

Etes-vous_heureux? Are you happy? (when you ask a man).

Etes-vous_heureuse? Are you happy? (when you ask a woman).

Je suis_occupé. I am busy. (man)

Je suis pressé. I'm in a hurry (pressed for time).

Il est fatigué. He is tired.

Elle est fatiguée. She is tired.

Etes-vous fatigué? Are you tired? (man)

Je suis_en retard. I am late.

Il est malade. He's sick.

Elle est malade. She's sick.

Il est_en avance. He's early.

Il est prêt. He's ready.

Elle est prête. She's ready.

Il est charmant. He's charming.

Elle est charmante. She's charming.

Nous sommes pressés. We are in a hurry. (men)

Ils sont_en retard. They (masc.) are late.

Elles sont_en retard. They (fem.) are late.

il y a, there is, there are
est-ce qu'il y a? is there? are there?
de la soupe, any soup, some soup
de la viande, any meat, some meat
de la crème, any cream, some cream
de la salade, any salad, some salad
dans le frigidaire, in the refrigerator

Est-ce qu'il y a de la
    soupe?
Oui, il y a de la soupe.

Est-ce qu'il y a de la
    salade?
Oui, il y a de la
    salade.

Est-ce qu'il y a de la
    crème dans le
    frigidaire?
Oui, il y a de la crème
dans le frigidaire.

Est-ce qu'il y a de la
    viande dans le
    frigidaire?
Oui, il y a de la viande
dans le frigidaire.

Il y a de la crème dans le frigidaire.
There is some cream in the refrigerator.

il y a, there is, there are
est-ce qu'il y a? is there? are there?
Est-ce qu'il y a du café? Is there any coffee?
    du, any, some (masc.)
    du café, any coffee, some coffee
    du lait, any milk, some milk
    du pain, any bread, some bread
    du beurre, any butter, some butter

Est-ce qu'il y a du café?
Oui, il y a du café.

Est-ce qu'il y a du lait?
Oui, il y a du lait.

Est-ce qu'il y a du pain?
Oui, il y a du pain.

Est-ce qu'il y a du beurre?
Oui, il y a du beurre.

    de la, any, some (feminine)
    du, any, some (masculine)
Il y a de la crème. There is some cream.
Il y a du beurre. There is some butter.
Est-ce qu'il y a du sucre? Is there any sugar?

il y a, there is, there are
est-ce qu'il y a? is there? are there?
Est-ce qu'il y a des oranges?
       Are there any oranges?
des, some, any (plural)
des pommes de terre, some potatoes, any potatoes
des petits pois, some peas, any peas

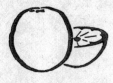

Est-ce qu'il y a
    des oranges?
Oui, il y a
    des oranges.

Est-ce qu'il y a des
    bananes?
Oui, il y a des
    bananes.

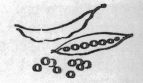

Est-ce qu'il y a des
    pommes de terre?
Oui, il y a des
    pommes de terre.

Est-ce qu'il y a des
    petits pois?
Oui, il y a des petits
    pois.

Est-ce qu'il y a des fraises?
Are there any strawberries?
Oui, il y a des fraises dans le frigidaire.
Yes, there are some strawberries in the refrigerator.

il y a, there is, there are
est-ce qu'il y a? is there? are there?

beaucoup de, many
très belle, very beautiful
à l'hôtel, in the hotel

une piscine, a swimming
pool
coiffeur, hair dresser

Est-ce qu'il y a des
    touristes à l'hôtel?
Oui, il y a beaucoup de
    touristes à l'hôtel.
Il y a des touristes américains,
    italiens, français, etc.

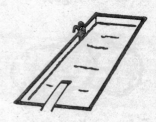

Est-ce qu'il y a une
    piscine à l'hôtel?
Oui, il y a une piscine
    à l'hôtel. Elle est
    très belle.

Est-ce qu'il y a un
    coiffeur à l'hôtel?
Oui, il y a un excellent
    coiffeur à l'hôtel.

il y a, there is, there are
il n'y a pas, there isn't, there aren't
est-ce qu'il y a? is there? are there?

gorille, gorilla

dans la classe, in the class

c'est absolument ridicule, it's absolutely ridiculous

élèves, students

oh non, oh no

des, some, any

Est-ce qu'il y a des
   gorilles dans la
   classe?
Oh non, c'est absolument
   ridicule.
Il n'y a pas de gorilles
   dans la classe.

Est-ce qu'il y a des élèves
   dans la classe?
Oui, il y a des élèves dans
   la classe. Les élèves
   sont intelligents.

Est-ce qu'il y a des mules
   dans la classe?
Non, c'est absolument
   ridicule.
Il n'y a pas de mules
   dans la classe.

Notice that "il n'y a pas" is followed by the word DE.

est-ce qu'il y a? is there? are there?

EXERCISES

Answer the following questions:

1. Est-ce qu'il y a de la soupe?

2. Est-ce qu'il y a de la crème?

3. Est-ce qu'il y a du café?

4. Est-ce qu'il y a du beurre?

5. Est-ce qu'il y a des oranges?

6. Est-ce qu'il y a des bananes?

7. Est-ce qu'il y a des touristes?

8. Est-ce qu'il y a des gorilles dans la classe?

The answers to these questions are on the next page.

il y a, there is, there are
il n'y a pas, there isn't, there aren't

Answers to the questions on the previous page.

1. Oui, il y a de la soupe.

2. Oui, il y a de la crème.

3. Oui, il y a du café.

4. Oui, il y a du beurre.

5. Oui, il y a des oranges.

6. Oui, il y a des bananes.

7. Oui, il y a des touristes.

8. Non, il n'y a pas de gorilles dans la classe.

combien? how much?   **cette,** this (feminine)
Combien coûte cette blouse? How much does this
   blouse cost? (How much costs this blouse?)
cette robe, this dress   **cette jupe,** this skirt

Combien coûte cette
jupe?

Combien coûte cette
chemise?

Combien coûte cette
robe?

Combien coûte cette
cravate?

Combien coûte cette voiture?
How much does this car cost?
Combien coûte cette combinaison?
How much does this slip cost?

combien? how much?   **ces,** these
Combien coûtent ces gants? How much do these
  gloves cost? (How much cost these gloves?)
chaussures, shoes   **bas,** stockings
chaussettes, socks   **lunettes,** eye glasses
                    ciseaux, scissors

Combien coûtent ces
gants?

Combien coûtent ces
chaussures?

Combien coûtent ces
bas?

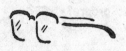

Combien coûtent ces
chaussettes?

Combien coûtent ces
lunettes?

Combien coûtent ces
ciseaux?

     une paire, a pair
une paire de chaussures, a pair of shoes
une paire de bas, a pair of stockings

93

est, is   **la nappe,** the tablecloth
propre, clean   **la serviette,** the napkin
sale, dirty   **l'assiette,** the plate
Est-ce que la nappe est propre? Is the tablecloth
    clean? (Is it that the tablecloth is clean?)
           n'est pas sale, isn't dirty

Est-ce que la cuiller est propre?
Oui, la cuiller est propre.

Est-ce que l'assiette est propre?
Oui, l'assiette est propre.

Est-ce que la serviette est sale?
Non, la serviette n'est pas sale.
La serviette est propre.

Est-ce que la nappe est propre?
Oui, la nappe est propre.

Est-ce que la fourchette est propre?
Oui, la fourchette est propre.

Est-ce que le verre est propre?
Oui, le verre est propre.

Est-ce que le couteau est sale?
Non, le couteau n'est pas sale.
Le couteau est propre.

94

à quelle heure? at what time? (at what hour?)
dîner, dinner **le rendez-vous,** the appointment
  à sept heures, at seven o'clock

A quelle heure est le dîner?

A sept heures.

A quelle heure est le rendez-vous?

A cinq heures.

A quelle heure est le concert?

A huit heures.

95

je vais, I go, I'm going
au bureau, to the office
à la banque, to the bank

à l'église, to church
à la bibliothèque, to the library

dimanche, Sunday, on Sunday

lundi, Monday, on Monday

Je vais à l'église dimanche.

Je vais au bureau lundi.

mardi, Tuesday, on Tuesday

mercredi, Wednesday, on Wednesday

Je vais à la banque mardi.

Je vais à la bibliothèque mercredi.

une semaine, a week

je vais, I go, I'm going
au musée, to the museum

au, to the
au cinéma, to the movies

jeudi, Thursday, on Thursday

vendredi, Friday, on Friday

Je vais au théâtre jeudi.

Je vais au concert vendredi.

samedi, Saturday, on Saturday

demain, tomorrow

Je vais au cinéma samedi.

Je vais au musée demain.

je vais, I go
vous allez, you go
allez-vous? do you go?
il va, he goes
elle va, she goes
nous allons, we go
ils vont, they go

Je vais au cinéma.
Vous allez au concert.
Allez-vous au cinéma?
Il va au restaurant.
Elle va au théâtre.
Nous allons au musée.
Ils vont au concert.

que faites-vous? what do you do?

le lundi, on Mondays
le mardi, on Tuesdays
le mercredi, on Wednesdays
le jeudi, on Thursdays
le vendredi, on Fridays
le samedi, on Saturdays
le dimanche, on Sundays
je vais, I go

Que faites-vous le dimanche?
Le dimanche, je vais à l'église.

Que faites-vous le lundi?
Le lundi, je vais au bureau.

Que faites-vous le mardi?
Le mardi, je vais à la banque.

Que faites-vous le mercredi?
Le mercredi, je vais à la bibliothèque.

Que faites-vous le jeudi?
Le jeudi, je vais au théâtre.

Que faites-vous le vendredi?
Le vendredi, je vais au concert.

Que faites-vous le samedi?
Le samedi, je vais au cinéma.

NOTE: "Lundi" means "on Monday," "le lundi" means "on Mondays." "Mardi" means "on Tuesday," "le mardi" means "on Tuesdays" etc.

EVERYDAY EXPRESSIONS

faire, to do, to make

I do	je fais	nous faisons	we do
you do	vous faites	vous faites	you (pl.) do
he does	il fait	ils font	they (masc.) do
she does	elle fait	elles font	they (fem.) do

Que faites-vous? What are you doing? What do you do?
Quel temps fait-il? How is the weather?
Il fait chaud. It's hot (It makes hot).
Il fait très chaud. It's very hot.
Il fait froid. It's cold (It makes cold).
Il fait très froid. It's very cold.
Il fait frais. It's cool (It makes fresh).
It fait beau. It's nice weather.
Il fait magnifique. It's wonderful weather.
Il fait mauvais. It's bad weather.
Quel beau temps! What nice weather!
Quel mauvais temps! What awful weather!
Il fait du vent. It's windy.

Je fais le café. I'm making the coffee.
Faites-vous le café? Are you making coffee?
Elle fait le lit. She is making the bed.
Nous faisons le dîner. We're making (fixing) dinner.
Ils font des courses. They are doing errands.

le mois, the month
les mois, the months

en janvier, in January
en février, in February
en mars, in March
en avril, in April

il neige, it snows
il fait froid, it's cold
il fait du vent, it's windy
aujourd'hui, today

En janvier, il neige.

En février, il fait froid.
Il fait froid
aujourd'hui.

En mars, il fait du
vent.
Il fait du vent
aujourd'hui.

En avril, il fait du
vent.

Est-ce qu'il neige en janvier? *Does it snow in January?*
Est-ce qu'il fait froid en février? *Is it cold in February?*
Est-ce qu'il fait du vent en mars? *Is it windy in March?*

le mois, the month
les mois, the months

en mai, in May	il y a des fleurs, there are
en juin, in June	flowers
en juillet, in July	il y a des fruits, there is fruit
en_août, in August	il fait chaud, it's hot
aujourd'hui, today	il fait très chaud, it's very hot

En mai, il y a des
fleurs.

En juin, il y a des
fruits.

En juillet, il fait
chaud.
Il fait chaud
aujourd'hui.

En_août, il fait très
chaud.

Est-ce qu'il y a des fleurs en mai?
Are there flowers in May?
Est-ce qu'il y a des fruits en juin?
Is there fruit in June?
Est-ce qu'il fait chaud en juillet?
Is it hot in July?

le mois, the month
les mois, the months

en septembre,
in September

en octobre, in October

en novembre, in November

en décembre, in December

ce matin, this morning

il fait du vent, it's windy

il fait beau, it's nice
weather

il fait mauvais, it's bad
weather

il pleut, it rains, it is
raining

**En septembre, il fait
du vent.**

**En octobre, il fait
beau.
Il fait beau ce
matin.**

**En novembre, il pleut.
Il pleut ce matin.**

**En décembre, il fait
mauvais.**

Est-ce qu'il fait beau en octobre?
Is the weather nice in October?
Est-ce qu'il pleut en novembre?
Does it rain in November?

les saisons, the seasons

en hiver, in winter
au printemps, in spring
en été, in summer
en automne, in the fall

il fait froid, it's cold
il fait frais, it's cool
il fait chaud, it's hot
aujourd'hui, today

En hiver, il fait froid.
Il fait froid aujourd'hui.

Au printemps, il fait frais.

En été, il fait chaud.
Il fait chaud aujourd'hui.

En automne, il fait frais.
Il fait frais aujourd'hui.

Est-ce qu'il fait froid en hiver?
Is it cold in the winter?
Est-ce qu'il fait frais au printemps?
Is it cool in the spring?
Est-ce qu'il fait froid aujourd'hui?
Is it cold today?

je peux, I can
je peux aller, I can go
au, to the

avec vous, with you
avec Paul, with Paul
avec Marie, with Mary

Je peux aller au
théâtre avec vous.

Je peux aller au
restaurant avec
vous.

Je peux aller au
cinéma avec Paul.

Je peux aller au
concert avec Marie.

je ne peux pas aller, I can't go

Je ne peux pas aller au concert.
Je ne peux pas aller au théâtre.
Je ne peux pas aller au restaurant.
Pouvez-vous aller au théâtre?
Can you go to the theater?

pouvez-vous‿aller?	**au marché,** to the market
can you go?	**au bal,** to the dance
je peux‿aller, I can go	**au ballet,** to the ballet
ce matin, this morning	**ce soir,** tonight

Pouvez-vous‿aller au ballet?
Oui, je peux‿aller au ballet.
Pouvez-vous‿aller au ballet
    ce soir?
Oui, je peux‿aller au ballet
    ce soir.

Pouvez-vous‿aller au marché?
Oui, je peux‿aller au marché.
Pouvez-vous‿aller au marché
    ce matin?
Oui, je peux‿aller au marché
    ce matin.

Pouvez-vous‿aller au bal?
Oui, je peux‿aller au bal.
Pouvez-vous‿aller au bal
    ce soir?
Oui, je peux‿aller au bal
    ce soir.

pouvez-vous? can you?
je peux, I can
ce matin, this morning
étudier, study

ce soir, tonight
dîner, dinner, to have
  dinner
avec moi, with me
avec vous, with you

Pouvez-vous étudier
  ce matin?
Oui, je peux étudier
  ce matin.

Pouvez-vous préparer
  le café?
Oui, je peux préparer
  le café.

Pouvez-vous préparer le dîner?
Oui, je peux préparer le dîner.

Pouvez-vous préparer la soupe?
Oui, je peux préparer la soupe.

Pouvez-vous étudier ce soir?
Oui, je peux étudier ce soir.

Pouvez-vous dîner avec moi ce soir?
Oui, je peux dîner avec vous ce soir.

voulez-vous? do you want?   **jouer,** to play
je voudrais, I would like   **déjeuner,** to have lunch

Voulez-vous jouer au tennis?
Oui, je voudrais jouer au tennis.

Voulez-vous jouer au golf?
Oui, je voudrais jouer au golf.

Voulez-vous jouer au bridge?
Oui, je voudrais jouer au bridge.

Voulez-vous jouer du piano?
Oui, je voudrais jouer du piano.

Voulez-vous déjeuner avec moi?
Will you have lunch with me?
(Would you like to have lunch with me?)
Voulez-vous sortir avec moi?
Would you like to go out with me?

pouvez-vous? can you?
voulez-vous? would you like to? do you want to?
aller, to go   **jouer,** to play

EXERCISE

Answer the following questions:

1. Pouvez-vous aller au cinéma?

2. Pouvez-vous aller au théâtre?

3. Pouvez-vous aller au concert?

4. Pouvez-vous aller au restaurant?

5. Pouvez-vous préparer la soupe?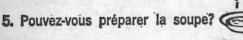

6. Pouvez-vous préparer le café?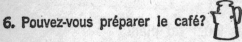

7. Voulez-vous jouer du piano?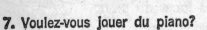

8. Voulez-vous jouer au golf?

The answers to these questions are on the next page.

je peux aller, I can go
je ne peux pas aller, I can't go
je voudrais, I would like

Answers to the questions on the previous page.

1. Oui, je peux aller au cinéma.
   Non, je ne peux pas aller au cinéma.

2. Oui, je peux aller au théâtre.
   Non, je ne peux pas aller au théâtre.

3. Oui, je peux aller au concert.
   Non, je ne peux pas aller au concert.

4. Oui, je peux aller au restaurant.
   Non, je ne peux pas aller au restaurant.

5. Oui, je peux préparer la soupe.
   Non, je ne peux pas préparer la soupe.

6. Oui, je peux préparer le café.
   Non, je ne peux pas préparer le café.

7. Oui, je voudrais jouer du piano.

8. Oui, je voudrais jouer au golf.

devez-vous? do you have to? must you?
je dois, I have to, I must

aller, to go

ce matin, this morning

ce soir, tonight

travailler, to work

étudier, to study

demain, tomorrow

Devez-vous aller à Paris?

Oui, je dois aller à Paris.

Devez-vous étudier?

Oui, je dois étudier.

Devez-vous étudier ce soir?
Oui, je dois étudier ce soir.

Devez-vous étudier demain?
Oui, je dois étudier demain.

Devez-vous travailler ce matin?
Oui, je dois travailler ce matin.

Devez-vous travailler demain?
Oui, je dois travailler demain.

Devez-vous aller en France?
Oui, je dois aller en France.

Devez-vous aller à Paris?
Oui, je dois aller à Paris.

je vais, I'm going
allez-vous? are you going?
une jupe, a skirt
une cravate, a necktie

je vais acheter, I'm
going to buy
du parfum, some perfume

Je vais acheter une
blouse.

Je vais acheter une
jupe.

Je vais acheter une
cravate.

Je vais acheter du
parfum.

allez-vous acheter? are you going to buy?

Allez-vous acheter une blouse?
Allez-vous acheter une cravate?
Allez-vous acheter du parfum?

acheter, to buy
allez-vous_acheter? are you going to buy?
je vais_acheter, I'm going to buy

Allez-vous_acheter un chapeau?
Oui, je vais_acheter un chapeau.

Allez-vous_acheter une robe?
Oui, je vais_acheter une robe.

Allez-vous_acheter un sweater?
Oui, je vais_acheter un sweater.

Allez-vous_acheter un parapluie?
Oui, je vais_acheter un parapluie.

Je vais_acheter, I'm going to buy.
Allez-vous_acheter? are you going to buy?
Il va acheter, he is going to buy.
Elle va acheter, she is going to buy.
Nous_allons_acheter, we are going to buy.
Vous_allez_acheter, you are going to buy.
Ils vont_acheter, they (masculine) are going to buy.
Elles vont_acheter, they (feminine) are going to buy.

allez-vous? are you going?
je vais, I'm going
danser, to dance

nager, to swim
chanter, to sing
téléphoner, to phone,
    to call up

Allez-vous danser?
Oui, je vais danser.

Allez-vous nager?
Oui, je vais nager.

Allez-vous chanter?
Oui, je vais chanter.

Allez-vous téléphoner?
Oui, je vais téléphoner.

ce soir, tonight

Allez-vous téléphoner ce soir?
Allez-vous danser ce soir?

allez-vous laisser? are you going to leave? (a thing)
je vais laisser, I'm going to leave (a thing)
à l'hôtel, in the hotel   **sur la table,** on the table
à la banque, in the bank   **à la maison,** at home
le chien, the dog

Allez-vous laisser la
valise à l'hôtel?
Oui, je vais laisser la
valise à l'hôtel.

Allez-vous laisser la
clef sur la table?
Oui, je vais laisser la
clef sur la table.

Allez-vous laisser
l'argent à la banque?
Oui, je vais laisser
l'argent à la banque.

Allez-vous laisser le
chien à la maison?
Oui, je vais laisser le
chien à la maison.

où allez-vous laisser? where are you going to leave?

Où allez-vous laisser la clef?
Je vais laisser la clef sur la table.

Où allez-vous laisser la valise?
Je vais laisser la valise à l'hôtel.

NOTE: CLEF is pronounced CLÉ.

114

avec moi, with me   **avec nous, with us**

Combine the words in the left column with the words in the right column to form sentences. Follow the examples given below.

allez-vous? are you going?	**nager,** to swim
je vais, I'm going	**travailler,** to work
je voudrais, I want, I would like	**écrire,** to write
	téléphoner, to phone
voulez-vous? do you want? would you like?	**parler,** to speak
	acheter, to buy
je peux, I can	**dîner,** to have dinner
pouvez-vous? can you?	**déjeuner,** to have lunch
il peut, he can	**écouter,** to listen to
elle peut, she can	**lire,** to read
j'aime, I like	**payer,** to pay
aimez-vous? do you like?	**rester,** to stay
devez-vous? do you have to?	**inviter,** to invite
	préparer, to prepare
je dois, I have to	**marcher,** to walk
je ne veux pas, I don't want	**étudier,** to study
	danser, to dance
	aller, to go

EXAMPLES:

Je vais téléphoner.
I'm going to phone.
Voulez-vous dîner avec moi?
Would you like to have dinner with me?
Je voudrais aller au cinéma.
I would like to go to the movies.
Je dois travailler demain.
I have to work tomorrow.

You can form a great number of sentences combining the words in the columns above.

allez-vous? are you going?

acheter, to buy   **nager,** to swim

laisser, to leave (a thing)   **téléphoner,** to phone

EXERCISE

Answer the following questions:

1. Allez-vous acheter une blouse?

2. Allez-vous acheter une cravate?

3. Allez-vous acheter un chapeau?

4. Allez-vous acheter un parapluie?

5. Allez-vous acheter une robe?

6. Allez-vous nager?

7. Allez-vous laisser la valise?

8. Allez-vous laisser la clef?

The answers to these questions are on the following page.

116

je vais, I'm going
je vais acheter,
   I'm going to buy

je vais nager, I'm going
   to swim
je vais laisser, I'm going
   to leave (a thing)

Answers to the questions on the previous page.

1. Oui, je vais acheter une blouse.

2. Oui, je vais acheter une cravate.

3. Oui, je vais acheter un chapeau.

4. Oui, je vais acheter un parapluie.

5. Oui, je vais acheter une robe.

6. Oui, je vais nager.

7. Oui, je vais laisser la valise.

8. Oui, je vais laisser la clef.

allez-vous? are you going?   le train, the train
je vais, I'm going   les bagages, the baggage
je vais_attendre, I'm going to wait for
allez-vous_attendre? are you going to wait for?

Allez-vous_attendre
   l'autobus?
Oui, je vais_attendre
   l'autobus.

Allez-vous_attendre le
   train?
Oui, je vais_attendre
   le train.

Allez-vous_attendre
   les bagages?
Oui, je vais_attendre
   les bagages.

Allez-vous_attendre
   l'avion?
Oui, je vais_attendre
   l'avion.

Allez-vous_attendre Paul?
Oui, je vais_attendre Paul.
Allez-vous_attendre un taxi?
Oui, je vais_attendre un taxi.

voulez-vous? do you want?
je voudrais, I want,
   I would like

la maison, the house
le bateau, the boat
les billets, the tickets
vendre, to sell

Voulez-vous vendre la
  maison?
Oui, je voudrais
  vendre la maison.

Voulez-vous vendre le
  bateau?
Oui, je voudrais
  vendre le bateau.

Voulez-vous vendre
  l'auto?
Oui, je voudrais
  vendre l'auto.

Voulez-vous vendre les
  billets?
Oui, je voudrais
  vendre les billets.

Robert veut vendre l'auto. *Robert wants to sell the car.*
Marie veut vendre la maison. *Mary wants to sell the house.*
Paul veut vendre le bateau. *Paul wants to sell the boat.*

je vais lire, I'm going to read
allez-vous lire? are you going to read?

la revue, the magazine   le journal, the newspaper
le livre, the book   le roman, the novel

Allez-vous lire la
   revue?
Oui, je vais lire la
   revue.

Allez-vous lire la
   lettre?
Oui, je vais lire la
   lettre.

Allez-vous lire le
   journal?
Oui, je vais lire le
   journal.

Allez-vous lire le
   livre?
Oui, je vais lire le
   livre.

Je vais lire le roman.
Je vais lire l'article.
Je vais lire le programme.

allez-vous‿écrire? are you going to write?

je vais‿écrire, I'm going to write

une lettre, a letter **une carte postale,**

l'adresse, the address a post card

la leçon, the lesson

Allez-vous‿écrire une lettre?
Oui, je vais‿écrire une lettre.

Allez-vous‿écrire une carte postale?
Oui, je vais‿écrire une carte postale.

Allez-vous‿écrire l'adresse?
Oui, je vais‿écrire l'adresse.

Allez-vous‿écrire la leçon?
Oui, je vais‿écrire la leçon.

Allez-vous‿écrire une lettre en français? (in French)
Oui, je vais‿écrire une lettre en français.

Allez-vous‿écrire une lettre en‿anglais? (in English)
Oui, je vais‿écrire une lettre en‿anglais.

allez-vous? are you going?

attendre, to wait for	**lire,** to read
vendre, to sell	**écrire,** to write

EXERCISE

Answer the following questions:

1. Allez-vous attendre l'autobus?

2. Allez-vous attendre les bagages?

3. Allez-vous vendre la maison?

4. Allez-vous vendre l'auto?

5. Allez-vous lire la revue?

6. Allez-vous lire le journal?

7. Allez-vous écrire la lettre?

8. Allez-vous écrire une carte postale?

The answers to these questions are on the next page.

je vais, I'm going

attendre, to wait for   **lire,** to read
vendre, to sell   **écrire,** to write

Answers to the questions on the previous page.

1. Oui, je vais attendre l'autobus.

2. Oui, je vais attendre les bagages.

3. Oui, je vais vendre la maison.

4. Oui, je vais vendre l'auto.

5. Oui, je vais lire la revue.

6. Oui, je vais lire le journal.

7. Oui, je vais écrire la lettre.

8. Oui, je vais écrire une carte postale.

je veux finir, I want to finish

la leçon, the lesson **le livre,** the book
l'article, the article **la lettre,** the letter
le journal, the newspaper **le dîner,** dinner
tout de suite, right away

Je veux finir le livre.   Je veux finir la lettre.

Je veux finir le dîner tout de suite.
Je veux finir l'article tout de suite.
Je veux finir le journal.
Je veux finir la leçon.

il veut finir, he wants to finish
elle veut finir, she wants to finish

Robert veut finir la lettre.
Marie veut finir la leçon.
Louise veut finir le livre.
Papa veut finir le journal.

Voulez-vous finir le livre? *Do you want to finish the book?*
Voulez-vous finir la lettre? *Do you want to finish the letter?*

aller, to go

I'm going	je vais	nous allons	we are going
you are going	vous allez	vous allez	you (pl.) are going
he is going	il va	ils vont	they (masc.) are going
she is going	elle va	elles vont	they (fem.) are going

Comment allez-vous? How are you? (How go you?)
Bien, merci, et vous? Well, thank you, and you?
Je vais bien. I'm well (I go well).
Je vais mieux. I'm better.
Comment va votre père? How is your father?
Il va très bien. He's very well.
Comment va votre mère? How is your mother?
Elle va très bien. She's very well.
Elle va assez bien. She's quite well.
Il va plus mal. He's worse.
Comment va Robert? How is Robert?
Comment vont-ils? How are they? (masculine)
Ils vont bien. They are well (masculine).
Comment vont-elles? How are they? (feminine).
Elles vont bien. They are well (feminine).
Nous allons bien. We are well.

Il est malade. He's sick.
Elle est malade. She's sick.

aujourd'hui, today
avez-vous_étudié?
   did you study?
j'ai étudié, I studied
avez-vous payé? did you
   pay?
j'ai payé, I paid

avez-vous nagé? did you
   swim?
j'ai nagé, I swam
avez-vous dîné? did you
   have dinner? (dine)
j'ai dîné, I had
   dinner, I dined

l'addition, the check

Avez-vous_étudié
aujourd'hui?
Oui, j'ai étudié
aujourd'hui.

Avez-vous payé
l'addition?
Oui, j'ai payé
l'addition.

Avez-vous nagé
aujourd'hui?
Oui, j'ai nagé
aujourd'hui.

Avez-vous dîné?
Oui, j'ai dîné.

avez-vous travaillé?
did you work?
j'ai travaillé, I worked
avez-vous voyagé? did you travel?
j'ai voyagé, I traveled

avez-vous laissé? did you leave? (a thing)
j'ai laissé, I left (a thing)
avez-vous apporté? did you bring?
j'ai apporté, I brought

beaucoup, much, a lot

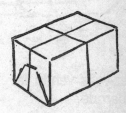

Avez-vous laissé la valise?
Oui, j'ai laissé la valise.

Avez-vous laissé le paquet?
Oui, j'ai laissé le paquet.

Avez-vous travaillé?
Oui, j'ai travaillé.

Avez-vous beaucoup travaillé?
Oui, j'ai beaucoup travaillé.

Avez-vous beaucoup voyagé?
Oui, j'ai beaucoup voyagé.

il a travaillé, he worked
nous avons travaillé, we worked

il a voyagé, he traveled
nous avons voyagé, we traveled

avez-vous vendu?
    did you sell?
j'ai vendu, I sold
avez-vous vu? did you
    see?

la barque, the rowboat
la bicyclette, the bicycle
la statue, the statue
l'avion, the airplane
aujourd'hui, today

Avez-vous vendu la
    barque?
Oui, j'ai vendu la
    barque.

Avez-vous vendu la
    bicyclette?
Oui, j'ai vendu la
    bicyclette.

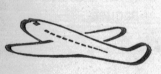

Avez-vous vu l'avion?
Oui, j'ai vu l'avion.

Avez-vous vu la
    statue?
Oui, j'ai vu la statue.

voir, to see

nous avons vu,
    we saw

ils ont vu,
    they (masc.) saw

avez-vous fini? did you finish?
j'ai fini, I finished
bien, well

avez-vous dormi? did you sleep?
j'ai dormi, I slept
tard, late

Avez-vous fini le livre?
Oui, j'ai fini le livre.

Avez-vous fini la lettre?
Oui, j'ai fini la lettre.

Avez-vous dormi tard?
Oui, j'ai dormi tard.

Avez-vous bien dormi?
Oui, j'ai bien dormi.

dormir, to sleep
finir, to finish

nous avons fini, we finished

ils ont fini, they (masc.) finished

avez-vous laissé? did you leave? (a thing)

EXERCISE

Answer the following questions:

1. Avez-vous payé l'addition?

2. Avez-vous nagé?

3. Avez-vous laissé la valise?

4. Avez-vous laissé le paquet?

5. Avez-vous vendu la bicyclette?

6. Avez-vous vu l'avion?

7. Avez-vous fini le livre?

8. Avez-vous fini la lettre?

The answers to these questions are on the next page.

j'ai payé, I paid

j'ai nagé, I swam

j'ai fini, I finished

j'ai laissé, I left (a thing)

j'ai vendu, I sold

j'ai vu, I saw

Answers to the questions on the previous page.

1. Oui, j'ai payé l'addition.

2. Oui, j'ai nagé.

3. Oui, j'ai laissé la valise.

4. Oui, j'ai laissé le paquet.

5. Oui, j'ai vendu la bicyclette.

6. Oui, j'ai vu l'avion.

7. Oui, j'ai fini le livre.

8. Oui, j'ai fini la lettre.

Qu'avez-vous fait? What did you do?

j'ai joué, I played   ce matin, this morning

j'ai étudié, I studied   ce soir, tonight

j'ai écouté, I listened to   aujourd'hui, today

la radio, the radio

Qu'avez-vous fait ce matin?

Ce matin, j'ai joué au tennis.

Qu'avez-vous fait aujourd'hui?

Aujourd'hui, j'ai joué au golf.

Qu'avez-vous fait ce matin?

Ce matin, j'ai étudié.

Qu'avez-vous fait ce soir?

Ce soir, j'ai écouté la radio.

faire, to do, to make

il a fait, he did   nous avons fait, we did

elle a fait, she did   ils ont fait, they did (masc.)

Qu'avez-vous fait? What did you do?

je suis_allé, I went
au marché, to the market
à la boulangerie, to
  the bakery

à la librairie, to the
  bookstore
à la boucherie, to the
  butcher shop

Qu'avez-vous fait?
Je suis_allé au
  marché.

Qu'avez-vous fait?
Je suis_allé à la
  boulangerie.

Qu'avez-vous fait?
Je suis_allé à la
  librairie.

Qu'avez-vous fait?
Je suis_allé à la
  boucherie.

Je suis_allé à l'Opéra.
Je suis_allé à l'hôtel.
Je suis_allé au restaurant.

J'ai pris l'avion.

J'ai pris l'autobus.   J'ai pris le bateau.

prendre, to take

j'ai pris, I took | J'ai pris un taxi.
vous avez pris, you took | Vous avez pris l'autobus.
il a pris, he took | Il a pris l'avion.
elle a pris, she took | Elle a pris le bateau.
nous avons pris, we took | Nous avons pris le train.
ils ont pris, they (masc.) took | Ils ont pris l'autobus.

Avez-vous pris le train? *Did you take the train?*

j'ai pris, I took, I had (food)
avez-vous pris? did you take? did you have? (food)
du café, some coffee   **du pain,** some bread
      du rosbif, some roast beef

Avez-vous pris du café?
Oui, j'ai pris du café.

Avez-vous pris du thé?
Oui, j'ai pris du thé.

Avez-vous pris du pain?
Oui, j'ai pris du pain.

Avez-vous pris du rosbif?
Oui, j'ai pris du rosbif.

J'ai pris du dessert.
J'ai pris des fruits.
J'ai pris de la soupe.

avez-vous lu? did you read?
j'ai lu, I read (past)
je n'ai pas lu, I didn't read
un article, an article

un roman, a novel
le journal, the newspaper
une biographie, a biography

Avez-vous lu le roman?
Oui, j'ai lu le roman.

Avez-vous lu la lettre?
Oui, j'ai lu la lettre.

Avez-vous lu le journal?
Non, je n'ai pas lu le journal.

Avez-vous lu le menu?
Non, je n'ai pas lu le menu.

lire, to read

j'ai lu, I read (past)
avez-vous lu? did you read?
il a lu, he read
elle a lu, she read
nous avons lu, we read
ils ont lu, they (masc.) read
elles ont lu, they (fem.) read

J'ai lu une biographie.
Avez-vous lu le journal?

Robert a lu le roman.
Louise a lu la lettre.
Nous avons lu le menu.
Ils ont lu une biographie.
Elles ont lu un article.

avez-vous écrit? did you write?

j'ai écrit, I wrote

je n'ai pas écrit, I didn't write

une poésie, a poem

un roman, a novel

une carte postale, a post card

l'adresse, the address

la leçon, the lesson

la lettre, the letter

Avez-vous écrit l'adresse?
Oui, j'ai écrit l'adresse.

Avez-vous écrit la carte postale?
Oui, j'ai écrit la carte postale.

Avez-vous écrit la lettre?
Oui, j'ai écrit la lettre.

Avez-vous écrit une poésie?
Oui, j'ai écrit une poésie.

Avez-vous écrit la leçon?
Oui, j'ai écrit la leçon.

ÉCRIRE, to write
je n'ai pas écrit, I didn't write.

Je n'ai pas écrit la lettre.
Je n'ai pas écrit la carte postale.
Je n'ai pas écrit l'adresse.

avez-vous mis? did you put? did you put on?
j'ai mis, I put, I put on
sur la table, on the table
votre chapeau, your hat
le verre, the glass

le pain, the bread
votre manteau, your coat
  (woman's)
mon, my

Avez-vous mis le verre
    sur la table?
Oui, j'ai mis le verre
    sur la table.

Avez-vous mis le pain
    sur la table?
Oui, j'ai mis le pain
    sur la table.

Avez-vous mis votre
    chapeau?
Oui, j'ai mis mon
    chapeau.

Avez-vous mis votre
    manteau?
Oui, j'ai mis mon
    manteau.

METTRE, to put, to put on

Avez-vous mis votre sweater?
Did you put on your sweater?

Non, je n'ai pas mis mon sweater.
No, I didn't put on my sweater.

Une fois. Once. One time.

Deux fois. Twice. Two times.

Trois fois par jour. Three times a day.

J'ai été deux fois à Paris. I have been in Paris twice.

Quelquefois. Sometimes.

Chaque fois. Every time.

Une autre fois. Again. Another time.

Cette fois. This time.

Plusieurs fois. Several times.

Souvent. Often.

De temps en temps. From time to time.

Toujours. Always.

Jamais. Never.

Peut-être. Maybe. Perhaps.

Tout. Everything.

Rien. Nothing.

Rien du tout. Nothing at all.

Sans. Without.

Signez ce chèque, s'il vous plaît. Sign this check, please.

J'ai besoin. I need.

J'ai besoin de pain. I need bread.

J'ai besoin de travailler. I need to work.

Il est fâché. He's angry.

Il est furieux. He's furious.

Il est amoureux. He's in love.

Il est avec Robert. He's with Robert.

Il est triste. He is sad.

Il s'ennuie. He's bored.

avez-vous pris? did you take? did you have? (food)
avez-vous lu? did you read?
avez-vous écrit? did you write?
avez-vous mis? did you put? did you put on?

EXERCISE

Answer the following questions:

1. Avez-vous pris du café?

2. Avez-vous pris du pain?

3. Avez-vous lu le journal?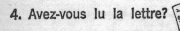

4. Avez-vous lu la lettre?

5. Avez-vous écrit la carte postale?

6. Avez-vous mis votre chapeau?

7. Avez-vous mis le pain sur la table?

8. Avez-vous mis votre sweater?

The answers to these questions are on the next page.

J'ai pris, I took, I had (food)
J'ai lu, I read (past)
J'ai écrit, I wrote
J'ai mis, I put, I put on

Answers to the questions on the previous page.

1. Oui, j'ai pris du café.

2. Oui, j'ai pris du pain.

3. Oui, j'ai lu le journal.

4. Oui, j'ai lu la lettre.

5. Oui, j'ai écrit la carte postale.

6. Oui, j'ai mis mon chapeau.

7. Oui, j'ai mis le pain sur la table.

8. Oui, j'ai mis mon sweater.

parlez-vous? do you speak? are you speaking?
je parle, I speak, I'm speaking   avec, with
au téléphone, on the phone   français, French

Parlez-vous français
avec le docteur?
Oui, je parle français
avec le docteur.

Parlez-vous français
avec le dentiste?
Oui, je parle français
avec le dentiste.

Parlez-vous français
avec le professeur?
Oui, je parle français
avec le professeur.

Parlez-vous français
au téléphone?
Oui, je parle français
au téléphone.

je parle, I speak
il parle, he speaks

nous parlons, we speak
ils parlent, they speak (m.)
elles parlent, they speak (f.)

Je parle français.
Robert parle anglais
(English).
Nous parlons français.
Ils parlent anglais.
Elles parlent anglais.

le président parle, the
president talks

lentement, slowly
vite, fast

la télévision

Le président parle.

la radio

Le général parle.

Marie parle lentement.
Albert parle vite.

beaucoup, much, a lot

Robert parle beaucoup.
Marie parle beaucoup.

Est-ce que Robert parle beaucoup?
Does Robert talk a lot?
Est-ce que Marie parle vite?
Does Mary talk fast?
Est-ce que Robert parle lentement?
Does Robert speak slowly?

Jouez-vous du piano?   Jouez-vous du violon?
Oui, je joue du piano.   Oui, je joue du violon.

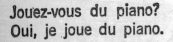

Jouez-vous au tennis?   Jouez-vous aux
Oui, je joue au tennis.   cartes?
                       Oui, je joue aux
                       cartes.

Jouez-vous au golf?
Oui, je joue au golf.

Jouez-vous au bridge?
Oui, je joue au bridge.

nagez-vous? do you swim?
je nage, I swim
dansez-vous? do you dance?
je danse, I dance
le français, French

étudiez-vous? do you study?
j'étudie, I study
marchez-vous? do you walk?
je marche, I walk

beaucoup, a lot

Nagez-vous?
Oui, je nage.

Dansez-vous?
Oui, je danse.

Etudiez-vous le français?
Oui, j'étudie le français.

Marchez-vous beaucoup?
Oui, je marche beaucoup.

Louez-vous une maison pour l'été?
Do you rent a house for the summer?
Oui, je loue une maison pour l'été.
Yes, I rent a house for the summer.

où travaillez-vous? where do you work?
Je travaille, I work
une agence de voyage, a travel agency

un magasin, a store
un bureau, an office
une usine, a factory
une ferme, a farm
une banque, a bank

dans, in

Où travaillez-vous?
Je travaille dans un magasin.

Où travaillez-vous?
Je travaille dans une banque.

Où travaillez-vous?
Je travaille dans une agence de voyage.

Où travaillez-vous?
Je travaille dans un bureau.

Où travaillez-vous?
Je travaille dans une usine.

Travaillez-vous dans une banque?
Do you work in a bank?
Non, je ne travaille pas dans une banque.
No, I don't work in a bank.
Robert travaille dans une ferme.
Robert works on a farm.
Marie travaille dans un grand magasin.
Mary works in a department store.

nous travaillons, we work

ils travaillent, they (m.) work

146

où habitez-vous? where do you live?
j'habite, I live

un appartement, an apartment
une pension, a boarding house

Où habitez-vous?
J'habite une maison.

Où habitez-vous?
J'habite un appartement.

Où habitez-vous?
J'habite la France.

Où habitez-vous?
J'habite Paris.

Robert habite Avenue de l'Opéra.
Albert habite Boulevard Montparnasse.
Louise habite à la campagne. (in the country)
Paul habite avec Robert. (with Robert)

habiter, to live

j'habite, I live	**nous habitons,** we live
vous habitez, you live	**vous habitez,** you live
il habite, he lives	**ils habitent,** they (masc.) live
elle habite, she lives	**elles habitent,** they (fem.) live

jouez-vous? do you play?
travaillez-vous? do you work?

parlez-vous? do you speak?
habitez-vous? do you live?

EXERCISE

Answer the following questions:

1. Jouez-vous du piano?

2. Jouez-vous du violon?

3. Parlez-vous au téléphone?

4. Jouez-vous au tennis?

5. Travaillez-vous dans une banque?

6. Habitez-vous une maison?

7. Jouez-vous au golf?

8. Jouez-vous aux cartes?

The answers to these questions are on the next page.

je joue, I play   je travaille, I work
je parle, I speak   j'habite, I live

Answers to the questions on the previous page.

1. Oui, je joue du piano.

2. Oui, je joue du violon.

3. Oui, je parle au téléphone.

4. Oui, je joue au tennis.

5. Oui, je travaille dans une banque.

6. Oui, j'habite une maison.

7. Oui, je joue au golf.

8. Oui, je joue aux cartes.

The present tense of **er** verbs is formed by removing the **er** and adding the following endings.

I	e	ons	we
you	ez	ez	you (pl.)
he, she, it	e	ent	they

EXAMPLE
Danser, to dance

I dance	je danse	nous dansons	we dance
you dance	vous dansez	vous dansez	you (pl.) dance
he dances	il danse	ils dansent	they (m.) dance
she dances	elle danse	elles dansent	they (f.) dance

Below you will find the complete translation of the above chart.

Danser, to dance
Je danse, I dance, I am dancing
Vous dansez, you dance, you are dancing
Il danse, he dances, he is dancing
Elle danse, she dances, she is dancing
Nous dansons, we dance, we are dancing
Vous dansez, you (pl.) dance, you (pl.) are dancing
Ils dansent, they (masc.) dance, are dancing
Elles dansent, they (fem.) dance, are dancing

LIST OF REGULAR "ER" VERBS

To form the present tense of these verbs, remove ER and add the following endings:

I	e	ons	we
you	ez	ez	you (pl.)
he, she, it	e	ent	they

donner, to give
porter, to carry
étudier, to study
parler, to speak
chanter, to sing
danser, to dance
rater, to fail
compter, to count
filer, to spin
montrer, to show
travailler, to work
préparer, to prepare
écouter, to listen
inviter, to invite
laisser, to leave (a thing)
jouer, to play
déposer, to deposit
aimer, to like, to love
passer, to pass, to
   spend time

demander, to ask
piler, to begin
arriver, to arrive
regarder, to look at
aider, to help
marcher, to walk
pousser, to change
serrer, to exchange
gagner, to earn, to win
repasser, to iron
laver, to wash
trouver, to find
louer, to rent
refuser, to refuse
accepter, to accept
réserver, to reserve
embrasser, to kiss
diner, to dine, to have
   dinner
fermer, to close

attendez-vous? are you waiting for? do you wait for?
j'attends, I am waiting for, I wait for

l'avion, the airplane
l'autobus, the bus
un taxi, a taxi
les bagages, the baggage

Attendez-vous le train?
Oui, j'attends le train.

Attendez-vous l'avion?
Oui, j'attends l'avion.

Attendez-vous un taxi?
Oui, j'attends un taxi.

Attendez-vous l'autobus?
Oui, j'attends l'autobus.

J'attends Paul.

J'attends les bagages.

attendre, to wait

j'attends, I am waiting

vous attendez, you are waiting

il attend, he is waiting

elle attend, she is waiting

nous attendons, we are waiting

vous attendez, you are waiting

ils attendent, they (m.) are waiting

elles attendent, they (f.) are waiting

152

vendez-vous? do you sell?
je vends, I sell
les bonbons, candy

le stylo, the fountain pen
les bas, stockings
les chaussettes, sox

Vendez-vous des
  stylos?
Oui, je vends des
  stylos.

Vendez-vous des bas?
Oui, je vends des bas.

Vendez-vous des
  chaussettes?
Oui, je vends des
  chaussettes.

Vendez-vous des
  bonbons?
Oui, je vends des
  bonbons.

Robert vend des autos.
Albert vend des machines.

vendre, to sell

je vends, I sell
vous vendez, you sell
il vend, he sells
elle vend, she sells

nous vendons, we sell
vous vendez, you sell
ils vendent, they (m.) sell
elles vendent, they (f.) sell

à quelle heure? at what time?

finissez-vous? do you finish?

je finis, I finish

étudier, to study

à cinq heures, at five o'clock

votre travail, your work

votre dîner, your dinner

votre ménage, your housework

à huit heures, at eight o'clock

mon, my

A quelle heure finissez-vous votre travail?

Je finis mon travail à cinq heures.

A quelle heure finissez-vous votre dîner?

Je finis mon dîner à huit heures.

A quelle heure finissez-vous votre ménage?

Je finis mon ménage à cinq heures.

A quelle heure finissez-vous d'étudier?

Je finis d'étudier à huit heures.

TELLING TIME

Quelle heure est-il? What time is it? (What hour is it?)

1:00—Il est une heure. It's one o'clock.
2:00—Il est deux heures. It's two o'clock.
3:00—Il est trois heures. It's three o'clock.
4:00—Il est quatre heures. It's four o'clock.
5:00—Il est cinq heures. It's five o'clock.
6:00—Il est six heures. It's six o'clock.
7:00—Il est sept heures. It's seven o'clock.
8:00—Il est huit heures. It's eight o'clock.
9:00—Il est neuf heures. It's nine o'clock.
10:00—Il est dix heures. It's ten o'clock.
11:00—Il est onze heures. It's eleven o'clock.
12:00—Il est midi. It's twelve o'clock (noon).
12:00—Il est minuit. It's twelve o'clock (midnight).

8:15—Il est huit heures et quart.
        It's a quarter past eight.
8:30—Il est huit heures et demi.
        It's eight thirty.
8:45—Il est neuf heures moins le quart.
        It's a quarter to nine.
8:10—Il est huit heures dix. It's eight ten.
10 to 9—Il est neuf heures moins dix.
        It's ten to nine.

partir, to leave

je pars, I leave

vous partez, you leave

il part, he, it leaves

elle part, she, it leaves

nous partons, we leave

vous partez, you leave

ils partent, they (m.) leave

elles partent, they (f.)
leave

À quelle heure partez-vous? At what time do you leave?
Je pars à dix heures. I leave at ten o'clock.

votre père, your father
votre oncle, your uncle

À quelle heure part le train?
At what time does the train leave?
(At what hour leaves the train?)

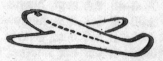

À quelle heure part
le bateau?

À quelle heure part
l'avion?

À quelle heure part
l'autobus?

À quelle heure part
l'hélicoptère?

À quelle heure part le train?
À quelle heure part votre père?
À quelle heure part votre oncle?

À quelle heure partez-vous? *At what time do you leave?*
Je pars à huit heures. *I leave at eight o'clock.*

partir, to leave

à deux heures, at two o'clock

À quelle heure arrive le train?
At what time does the train arrive?
(At what hour arrives the train?)

le bateau, the boat   **l'avion**, the plane

À quelle heure arrive le train?
Le train arrive à deux heures.

À quelle heure arrive le bateau?
Le bateau arrive à cinq heures.

À quelle heure arrive l'avion?
L'avion arrive à huit heures.

À quelle heure arrive Robert?
Robert arrive à dix heures.

arriver, to arrive, to get there, to get here

j'arrive, I arrive

nous arrivons, we arrive

vous arrivez, you arrive

vous arrivez, you (pl.) arrive

il arrive, he, it arrives

ils arrivent, they (m.) arrive

elle arrive, she, it arrives

elles arrivent, they (f.) arrive

attendez-vous? are you
waiting for?

vendez-vous? do you sell?

EXERCISE

Answer the following questions:

1. Attendez-vous le train?

2. Attendez-vous l'avion?

3. Attendez-vous un taxi?

4. Attendez-vous l'autobus?

5. Vendez-vous des autos?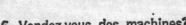

6. Vendez-vous des machines?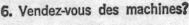

7. Vendez-vous des bonbons?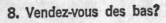

8. Vendez-vous des bas?

The answers to these questions are on the next page.

Answers to the questions on the previous page.

1. Oui, j'attends le train.

2. Oui, j'attends l'avion.

3. Oui, j'attends un taxi.

4. Oui, j'attends l'autobus.

5. Oui, je vends des autos.
   Non, je ne vends pas d'autos.

6. Oui, je vends des machines.
   Non, je ne vends pas de machines.

7. Oui, je vends des bonbons.
   Non, je ne vends pas de bonbons.

8. Oui, je vends des bas.
   Non, je ne vends pas de bas.

To form the present tense of regular verbs which end in RE, remove the RE and add the following endings:

I	s	ons	we
you	ez	ez	you (plural)
he, she, it		ent	they

SAMPLE VERB

Vendre, to sell

I sell	je vendS	nous vendONS	we sell
you sell	vous vendEZ	vous vendEZ	you (pl.) sell
he sells	il vend	ils vendENT	they (m.) sell
she sells	elle vend	elles vendENT	they (f.) sell

LIST OF REGULAR "RE" VERBS

vendre, to sell
attendre, to wait for
entendre, to hear
perdre, to lose
rendre, to return (a thing)
répondre, to answer

dépendre, to depend
prétendre, to pretend
pendre, to hang
suspendre, to hang up
défendre, to defend, to forbid

To form the present tense of regular verbs which end in IR, remove the IR and add the following endings:

I	is	issons	we
you	issez	issez	you (plural)
he, she, it	it	issent	they

SAMPLE VERB
Finir, to finish

I finish	je finIS	nous finISSONS	we finish
you finish	vous finISSEZ	vous finISSEZ	you (pl.) finish
he finishes	il finIT	ils finISSENT	they (m.) finish
she finishes	elle finIT	elles finISSENT	they (f.) finish

LIST OF REGULAR "IR" VERBS

finir, to finish
choisir, to choose
obéir, to obey
grandir, to grow
punir, to punish
garantir, to guarantee
réfléchir, to reflect, to think over

établir, to establish
applaudir, to applaud
accomplir, to accomplish
polir, to polish
rôtir, to roast
fournir, to furnish
réussir, to succeed
convertir, to convert

Remember that in French you don't say "I went."
You say instead, "I am gone" (Je suis allé).

je suis allé, I went (when a man went)
je suis allée, I went (when a woman went)

There is no difference in the pronunciation of ALLÉ
and ALLÉE.

Je suis allé au
cinéma.
Je suis allée au
cinéma.

Je suis allé au
théâtre.
Je suis allée au
théâtre.

Il est allé. *He went.*
Elle est allée. *She went.*
Il est allé au parc. *He went to the park.*
Elle est allée au parc. *She went to the park.*
Il est allé à Paris. *He went to Paris.*
Elle est allée à Paris. *She went to Paris.*
Il est allé au concert. *He went to the concert.*
Elle est allée au concert. *She went to the concert.*

Remember that there is no difference in the pronunciation of ALLÉ and ALLÉE.

Êtes-vous allé au cinéma? *Did you go to the movies?*

(See previous page)

In French you don't say "We went." You say instead, "We are gone" (Nous sommes allés).

nous sommes allés, we went (when men went)
nous sommes allées, we went (when women went)

There is no difference in the pronunciation of ALLE, ALLÉE, ALLÉS or ALLÉES.

Nous sommes allés au restaurant.
Nous sommes allées au restaurant.

Nous sommes allés au concert.
Nous sommes allées au concert.

Ils sont allés. *They (men) went.*
Elles sont allées. *They (women) went.*
Ils sont allés au restaurant.
Elles sont allées au restaurant.
Ils sont allés au concert.
Elles sont allées au concert.

Remember that there is no difference in the pronunciation of ALLÉ, ALLÉE, ALLÉS or ALLÉES.

I went (man)	je suis allé	nous sommes allés	we went (men)
I went (woman)	je suis allée	nous sommes allées	we went (women)
you went (man)	vous êtes allé	vous êtes allés	you went (men)
you went (woman)	vous êtes allée	vous êtes allées	you went (women)
he went (man)	il est allé	ils sont allés	they went (men)
she went (woman)	elle est allée	elles sont allées	they went (women)

Êtes-vous allé au théâtre?
Did you go to the theater?
Oui, je suis allé au théâtre.
Yes, I went to the theater.
Est-ce qu'il est allé au concert?
Did he go to the concert?
Oui, il est allé au concert.
Yes, he went to the concert.
Est-ce qu'ils sont allés au ballet?
Did they (men) go to the ballet?
Est-ce qu'elles sont allées au restaurant?
Did they (women) go to the restaurant?
Nous sommes allés au théâtre.
We (men, or men and women) went to the theater.

I am	je suis	nous sommes	we are
you are	vous êtes	vous êtes	you (pl.) are
he is, it is	il est	ils sont	they (masc.) are
she is, it is	elle est	elles sont	they (fem.) are

The past tense of the following verbs is formed with the verbs in the chart above.

Je suis venu. I came. (I am come)
Je suis sorti. I went out. (I am gone out)
Je suis parti. I went away. I left. (I am parted)
Je suis resté. I stayed. (I am stayed)
Je suis allé. I went. (I am gone)
Je suis monté. I went up. (I am gone up)
Je suis descendu. I went down. (I am gone down)
Je suis entré. I went in. I came in.
Je suis rentré. I returned home. I got home.
Je suis revenu. I got back, returned.
Je suis arrivé. I arrived. I got there. I got here.
Je suis né. I was born. (I am born)

Remember that all these verbs go into the masculine, feminine, singular and plural forms.

MAN	parti	venu	allé
WOMAN	partie	venue	allée
MEN	partis	venus	allés
WOMEN	parties	venues	allées

NOTE: There is no difference in the pronunciation of the masculine, feminine, singular and plural forms of these verbs.

165

List of words in the composition on the next pages.

PARIS

une ville, a city
merveilleuse, marvelous (f.)
il y a, there is, there are
beaucoup de musées, many museums
et, and
parcs, parks
très intéressante, very interesting (f.)
avec plaisir, with pleasure
je suis allé, I went
l'été dernier, last summer
par avion, by plane
vu d'un avion, seen from a plane
merveilleux, marvelous (m.)
beaucoup d'églises, many churches
places, squares, plazas
fontaines, fountains
illuminés, illuminated
le soir, at night
j'ai visité, I visited
toute la journée, all day
musées, museums
églises, churches
c'est une vue, it's a view
vraiment magnifique, truly magnificent
j'ai marché, I walked
dans les rues, on the streets
j'ai vu, I saw
choses intéressantes, interesting things
j'ai parlé français, I spoke French
avec tout le monde, with everybody
j'ai acheté, I bought
beaucoup, many
les spécialités françaises, French specialties
vraiment délicieuses, truly delicious

PARIS

Paris est une ville merveilleuse. A Paris, il y a beaucoup de musées et de parcs.

Paris est une ville très intéressante. Les touristes visitent Paris avec plaisir. Je suis allé à Paris l'été dernier. Je suis allé à Paris par avion. Le panorama de Paris, vu d'un avion, est merveilleux. Beaucoup d'églises, de monuments, de places et de fontaines sont illuminés le soir. C'est une vue vraiment magnifique.

A Paris, j'ai visité toute la journée des musées, des monuments et des églises.

J'ai marché dans les rues; j'ai vu des choses intéressantes; j'ai parlé français avec tout le monde et j'ai acheté des souvenirs de Paris.

Il y a beaucoup d'excellents restaurants à Paris. Les spécialités françaises sont vraiment délicieuses.

devez-vous? do you have to? must you?
je dois, I have to, I must, I ought to, I've got to
acheter, to buy   **partir,** to leave (a place)
aller, to go   **maintenant,** now
travailler, to work   **un journal,** a newspaper
                 étudier, to study

Devez-vous acheter   Devez-vous étudier?
    un journal?   Oui, je dois étudier.
Oui, je dois acheter
    un journal.

Devez-vous travailler maintenant?
Oui, je dois travailler maintenant.
Devez-vous aller à Paris?
Oui, je dois aller à Paris.
Devez-vous partir?
Oui, je dois partir.

je dois, I ought to, must   **nous devons,** we must
devez-vous? must you?   **vous devez,** you (pl.) must
il doit, he must   **ils doivent,** they (m.) must
elle doit, she must   **elles doivent,** they (f.)
                 must

avez-vous vu? did you see?
j'ai vu, I saw
mon chapeau neuf, my new hat

le tableau, the painting
votre costume, your suit (man's)
mon costume, my suit

Avez-vous vu le tableau?
Oui, j'ai vu le tableau.

Avez-vous vu la statue?
Oui, j'ai vu la statue.

Avez-vous vu mon chapeau neuf?
Oui, j'ai vu votre chapeau neuf.

Avez-vous vu mon costume neuf?
Oui, j'ai vu votre costume neuf.

Avez-vous vu mon auto?
Oui, j'ai vu votre auto.

j'ai vu, I saw
vous avez vu, you saw

il a vu, he saw
elle a vu, she saw

nous avons vu, we saw
vous avez vu, you (pl.) saw

ils ont vu, they (m.) saw
elles ont vu, they (f.) saw

Qu'avez-vous vu? What did you see?
j'ai vu, I saw
au cirque, at the circus
un clown, a clown
très drôle, very funny
un singe, a monkey
grand, big

Qu'avez-vous vu au cirque?
Au cirque, j'ai vu un clown.
Est-ce que le clown est drôle?
Oui, le clown est très drôle.

Qu'avez-vous vu au cirque?
Au cirque, j'ai vu un‿éléphant.
Est-ce que l'éléphant est grand?
Oui, l'éléphant est grand.
L'éléphant est‿un très
    grand‿animal.

Qu'avez-vous vu au cirque?
Au cirque, j'ai vu un singe.
Est-ce que le singe est drôle?
Oui, le singe est très drôle.
Le singe est‿un‿animal
    très drôle.

avez-vous écrit? did you write?
j'ai écrit, I wrote
avez-vous reçu? did you receive?
j'ai reçu, I received

une lettre, a letter
une carte postale, a postcard
le câble, the cable
le paquet, the package

 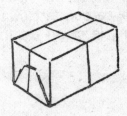

Avez-vous écrit une lettre?
Oui, j'ai écrit une lettre.

Avez-vous reçu le paquet?
Oui, j'ai reçu le paquet.

Avez-vous reçu une carte postale?
Oui, j'ai reçu une carte postale.

Avez-vous reçu une lettre?
Oui, j'ai reçu une lettre.

Avez-vous reçu le câble?
Oui, j'ai reçu le câble.

Avez-vous écrit une carte postale?
Oui, j'ai écrit une carte postale.

LIST OF IRREGULAR VERBS IN THE PAST

j'ai écrit, I wrote
j'ai vu, I saw
j'ai bu, I drank
j'ai dormi, I slept
j'ai compris, I understood
j'ai suivi, I followed
j'ai souri, I smiled
j'ai ouvert, I opened
j'ai mis, I put, put on
j'ai fait, I did

j'ai lu, I read
j'ai reçu, I received
j'ai dit, I said
j'ai appris, I learned
j'ai ri, I laughed
j'ai couru, I ran
j'ai promis, I promised
j'ai offert, I offered
j'ai connu, I knew (a person)
j'ai été, I was, I have been

EXAMPLES:

Avez-vous bien dormi?
Did you sleep well?
J'ai bien dormi.
I slept well.
J'ai beaucoup ri au cinéma.
I laughed a lot at the movies.
J'ai appris le français à Paris.
I learned French in Paris.
J'ai compris la leçon.
I understood the lesson.
Il a dit que c'était intéressant.
He said that it was interesting.
J'ai promis de venir.
I promised to come.
J'ai ouvert la porte.
I opened the door.
J'ai été à Paris.
I was in Paris.

avez-vous vu? did you see?

avez-vous reçu? did you receive?

avez-vous_écrit? did you write?

devez-vous_acheter? do you have to buy?

EXERCISE

Answer the following questions:

1. Avez-vous vu la statue?

2. Avez-vous vu l'auto?

3. Avez-vous_écrit une lettre?

4. Avez-vous_écrit une carte postale?

5. Avez-vous reçu le paquet?

6. Devez-vous_acheter un journal?

7. Devez-vous_acheter un livre?

8. Devez-vous_acheter un chapeau?

The answers to these questions are on the next page.

j'ai vu, I saw   j'ai reçu, I received
j'ai écrit, I wrote   je dois_acheter, I must buy

Answers to the questions on the previous page.

1. Oui, j'ai vu la statue.

2. Oui, j'ai vu l'auto.

3. Oui, j'ai écrit une lettre.

4. Oui, j'ai écrit une carte postale.

5. Oui, j'ai reçu le paquet.

6. Oui, je dois_acheter un journal.

7. Oui, je dois_acheter un livre.

8. Oui, je dois_acheter un chapeau.

List of words in the composition on the next page.

LES TOURISTES A PARIS

une ville, a city
très connue, very well known
il y a, there are
toujours, always
beaucoup, many
et, and
aiment marcher, like to walk
le long des boulevards, along the boulevards
regarder les vitrines, to look at the shop windows
magnifiques magasins, magnificent stores
les Parisiens, Parisians
boivent du café, drink coffee
assis à de petites tables, seated at small tables
parlent, speak, talk
gens qui passent, people who pass
sont connues, are known
pour leur beauté, for their beauty
leur élégance, their elegance
admirent, admire
tout ce qu'ils voient, everything they see
ils prennent des photographies, they take pictures
d'églises, of churches
ils visitent, they visit
les musées, the museums
ils vont, they go
au théâtre, to the theater
à l'Opéra, to the opera
surtout, above all, mainly

LES TOURISTES A PARIS

Paris est une ville très connue.
À Paris, il y a toujours beaucoup
de touristes. Les touristes
visitent surtout la Place de l'Etoile
et l'Arc de Triomphe.

Les touristes aiment marcher le long
des boulevards et regarder les vitrines.
Il y a de magnifiques magasins à
Paris.

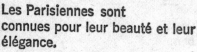

Il y a beaucoup de cafés et de
restaurants le long des boulevards.

Les Parisiens boivent du café,
assis à de petites tables, et
parlent des gens qui passent.

Les Parisiennes sont
connues pour leur beauté et leur
élégance.

Les touristes admirent tout
ce qu'ils voient. Ils prennent
des photographies d'églises et
de monuments.

Ils visitent les musées, vont au
théâtre, au ballet et à l'Opéra.

Il pleut. It's raining.

Il neige. It's snowing.

Il fait du vent. It's windy.

Très bien. Very well. O.K.

D'accord. I agree.

D'autre part. On the other hand.

Cela dépend. It depends.

Déjà. Already.

Certainement. Certainly. Of course.

Naturellement. Naturally.

Sûrement. Surely.

J'ai assez d'argent. I have enough money.

Je pense que oui. I think so.

Je pense que non. I don't think so.

J'espère. I hope so.

Entrez. Come in.

Asseyez-vous, s'il vous plaît. Sit down, please.

Avant. Before.

Après. After, afterwards.

A bientôt. See you soon.

A demain. See you tomorrow.

N'oubliez pas. Don't forget.

Bon! Good!

Bien. Alright. O.K.

Un cadeau. A gift.

A gauche. To the left.

A droite. To the right.

Tout droit. Straight ahead.

je jouais, I used to play
je dormais, I used to sleep
tard, late

j'étudiais, I used to study
j'allais, I used to go
tous les jours, everyday

à la plage, to the beach

Je jouais au tennis
tous les jours.

Je dormais tard tous
les jours.

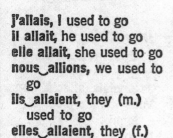

J'allais à la plage
tous les jours.

J'étudiais tous les
jours.

j'allais, I used to go
il allait, he used to go
elle allait, she used to go
nous allions, we used to
go
ils allaient, they (m.)
used to go
elles allaient, they (f.)
used to go

je dormais, I used to sleep
il dormait, he used to
sleep
elle dormait, she used to
sleep
nous dormions, we used
to sleep
ils dormaient, they (m.)
used to sleep
elles dormaient, they (f.)
used to sleep

Vous alliez souvent en France.
You used to go to France often.
Vous dormiez beaucoup.
You used to sleep a lot.

je voulais, I wanted
aller, to go
des chaussures, shoes

jouer, to play
acheter, to buy
des mouchoirs,
    handkerchiefs

Je voulais jouer aux
    cartes.

Je voulais aller au
    cinéma.

Je voulais acheter
    des chaussures.

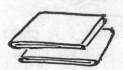

Je voulais acheter
    des mouchoirs.

je voulais, I wanted
vous vouliez, you wanted

il voulait, he wanted

elle voulait, she wanted

nous voulions, we wanted

ils, elles voulaient, they
    wanted

Je voulais aller à Paris.
Vous vouliez jouer au
    tennis.
Il voulait acheter des
    fruits.
Elle voulait acheter des
    mouchoirs.
Nous voulions aller en
    France.
Ils voulaient un café.

quand j'étais enfant, when I was a child
je montais à cheval, I used to ride horseback
je passais mes vacances, I used to spend my vacation
vous amusiez-vous? did you (use to) have fun?
   (a good time)
je m'amusais, I used to have fun (a good time)
toujours, always   beaucoup, very much

Quand j'étais enfant, je passais
   mes vacances en France.
Vous amusiez-vous?
Oui, je m'amusais toujours.

Quand j'étais enfant, je
   montais à cheval.
Vous amusiez-vous?
Oui, je m'amusais beaucoup.

Quand j'étais enfant, je
   montais à bicyclette.
Vous amusiez-vous?
Oui, je m'amusais beaucoup.

qu'est-ce qu'il a dit? what did he say?

qu'est-ce qu'elle a dit? what did she say?

il a dit que, he said that
elle a dit que, she said that
il, elle avait, he, she had
il, elle parlait, he, she talked

il, elle jouait, he, she played
intéressant, interesting
les billets, the tickets
voiture, car
était, was
c'était, it was

Qu'est-ce qu'il a dit?
Il a dit qu'il avait les billets pour le théâtre.

Qu'est-ce qu'elle a dit?
Elle a dit qu'elle avait une voiture.

Qu'est-ce qu'il a dit?
Il a dit qu'il avait une voiture.
Il a dit qu'il parlait français.
Il a dit qu'il jouait au golf.
Il a dit que c'était intéressant.
Il a dit que le film était intéressant.
Ils ont dit qu'ils parlaient français.
They said that they spoke French.

List of words in the composition on the next pages.

MES VACANCES

mes vacances, my vacations
quand j'étais enfant, when I was a child
je passais, I used to spend, pass
dans le Midi, in the South of France
le printemps était, spring was, used to be
toujours magnifique, always magnificent
était délicieuse, was delightful
il y avait des fleurs, there were flowers
partout, everywhere
toute la journée, all day
avec mes amis, with my friends
nous montions à cheval, we rode horseback, used to
   ride horseback
nous jouions au tennis, we played tennis, we used to
   play tennis
nous nagions, we used to swim
le soir, at night
nous allions, we used to go
on donnait, they used to give (one used to give)
de très bonnes pièces, very good plays
j'allais souvent, I often went (I went often)
mon père me parlait, my father talked to me
de l'art français, about French art
des artistes célèbres, about famous artists
maman faisait, mother used to make
des gâteaux délicieux, delicious cakes
nous emmenait, used to take us
acheter, to buy
de la glace, ice cream

MES VACANCES

Quand j'étais enfant, je passais toutes mes vacances dans le Midi. Le printemps était toujours magnifique dans le Midi. L'atmosphère était délicieuse et il y avait des fleurs partout. Je passais toute la journée avec mes amis. Nous montions à cheval,

Nous montions à cheval

jouions au tennis, montions à bicyclette et nagions.

Nous nagions

Le soir, nous allions au théâtre ou au concert.

Nous allions au théâtre

On donnait de très bonnes pièces au printemps.

J'allais souvent au musée et mon père me parlait toujours de l'art français et des artistes célèbres.

Maman faisait des gâteaux délicieux et papa nous emmenait acheter de la glace et des bonbons.

glace   bonbons

EVERYDAY EXPRESSIONS

J'ai peur. I'm frightened. I'm afraid.

J'ai des difficultés. I have troubles.

Je suis pressé. I'm in a hurry.

C'ést formidable. It's terrific.

C'est merveilleux. It's marvelous.

C'est magnifique. It's magnificent.

C'est fantastique. It's fantastic.

C'est terrible. It's terrible.

Un autre billet. Another ticket.

Une autre place. Another seat.

A l'aide! Help!

Qu'est-ce qui se passe? What's going on?

Rien. Nothing.

Un pourboire. A tip.

Merci beaucoup. Thank you very much.

Comment vous appelez-vous? What is your name?

Comment dit-on...? How do you say...?

Un agent. A policeman.

Un gendarme. A state trooper.

Un passeport. A passport.

Des papiers d'identité. Identification papers.

Un permis de conduire. A driver's license.

Le jardin zoologique. The zoo.

Un cendrier, s'il vous plaît. An ashtray, please.

où est? where is?
mon, my (masculine)
votre, your
mon sac, my purse

sur la table, on the table
sur la chaise, on the chair
imperméable, rain coat

Où est mon sac?
Votre sac est sur la
   table.

Où est mon chapeau?
Votre chapeau est sur
   la chaise.

Où est
   mon imperméable?
Votre imperméable est
   sur la chaise.

Où est mon parapluie?
Votre parapluie est sur
   la chaise.

Où est votre billet?
Where is your ticket?
Mon billet est dans mon portefeuille.
My ticket is in my wallet.
Où est votre frère?
Where is your brother?
Mon frère est à Paris.
My brother is in Paris.

187

où est? where is?
ma, my (feminine)
votre, your
ma tante, my aunt
clef, key

sur la table, on the table
au salon, in the living room
ma serviette, my briefcase
ma voiture, my car

Où est votre clef?
Ma clef est sur la table.

Où est votre serviette?
Ma serviette est au salon.

Où est votre tante?
Ma tante est au salon.

Où est votre voiture?
Ma voiture est au garage.

Où est votre robe bleue?
Where is your blue dress?
Ma robe est dans l'armoire.
My dress is in the closet.
Où est votre soeur.
Where is your sister?
Ma soeur est au salon.
My sister is in the living room.

où sont? where are?   ma chambre, my bedroom
gants, gloves   chaussures, shoes
lunettes, eyeglasses   bas, stockings
          mes, my (plural, masc. and fem.)
          vos, your (plural, masc. and fem.)
          dans, in

Où sont vos gants?   Où sont vos
Mes gants sont dans   chaussures?
  ma chambre.   Mes chaussures sont
                                dans ma chambre.

Où sont vos lunettes?   Où sont vos bas?
Mes lunettes sont   Mes bas sont dans
  dans ma chambre.   ma chambre.

Où sont vos chaussettes?
Where are your socks?
Mes chaussettes sont sur le lit.
My socks are on the bed.

189

où sont? where are?
à la campagne, in the country
leur fils, their son

leur voiture, their car
leur chien, their dog
leur fille, their daughter
leur, their (masc. and fem.)

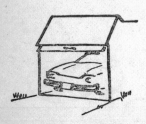

Où est leur voiture?
Leur voiture est au garage.

Où est leur chien?
Leur chien est à la campagne.

Où est leur fils?
Leur fils est à la campagne.

Où est leur fille?
Leur fille est à la campagne.

Où est leur cousin? *Where is their cousin? (masc.)*
Leur cousin est chez moi. *Their cousin is at my house.*
Où est leur cousine? *Where is their cousin? (fem.)*
Leur cousine est chez moi. *Their cousin is at my house.*

où est? where is?
sur la chaise, on the chair
stylo, fountain pen

son chapeau, his, her hat
sur la table, on the table
son parapluie, his, her
      umbrella

son, his, her (before masculine things)

Où est son chapeau?
Son chapeau est sur
   la chaise.

Où est son parapluie?
Son parapluie est sur
   la chaise.

Où est son stylo?
Son stylo est sur la
   table.

Où est son livre?
Son livre est sur la
   table.

Son livre est sur la table.
His book is on the table. Her book is on the table.

où est? where is?
sa clef, his, her key
sa voiture, his, her car
sur la table, on the table
brosse à dents, tooth brush
pâte dentifrice, tooth paste

sa, his, her (before feminine things)
à la salle de bains, in the bathroom

Où est sa clef?
Sa clef est sur la
  table.

Où est sa voiture?
Sa voiture est au
  garage.

Où est sa brosse à
  dents?
Sa brosse à dents
  est à la salle de
  bains.

Où est sa pâte
  dentifrice?
Sa pâte dentifrice
  est à la salle de
  bains.

ses, his, her (something that is plural)

Ses lunettes sont sur la table.
His eyeglasses are on the table. Her eyeglasses are on the table.

192

où est? where is?   sur la table, on the table
où sont? where are?   sur la chaise, on the chair

EXERCISE

Translate the following sentences:

1. Where is my purse?

2. Your purse is on the table.

3. Where is your key?

4. My key is on the table.

5. Where is my hat?

6. Your hat is on the chair.

7. My eyeglasses are in the bedroom.

8. Their daughter is in the country.

The translation of these sentences is on the next page.

où est? where is? **sur la table,** on the table
.**où sont?** where are? **sur la chaise,** on the chair

Translation of the sentences on the previous page.

1. Où est mon sac?

2. Votre sac est sur la table.

3. Où est votre clef?

4. Ma clef est sur la table.

5. Où est mon chapeau?

6. Votre chapeau est sur la chaise.

7. Mes lunettes sont dans la chambre.

8. Leur fille est à la campagne.

irez-vous? will you go?
j'irai, I'll go

au, to the
en_avril, in April

Irez-vous_au théâtre?
Oui, j'irai au théâtre.

Irez-vous_au cinéma?
Oui, j'irai au cinéma.

Irez-vous_au
  restaurant?
Oui, j'irai au
  restaurant.

Irez-vous_au parc?
Oui, j'irai au parc.

J'irai à Paris en_avril.
J'irai en France en_avril.
Nous_irons en France. *We'll go to France.*

j'irai, I'll go
vous_irez, you'll go
il ira, he'll go
elle ira, she'll go

nous_irons, we'll go
ils_iront, they (masc.)
  will go
elles_iront, they (fem.)
  will go

mettrez-vous? will you put on?
je mettrai, I will put on
costume de bain, swimming suit
votre, your

chapeau, hat
manteau, coat (woman's)
bonnet de bain, swimming cap
mon, my

Mettrez-vous votre chapeau?
Oui, je mettrai mon chapeau.

Mettrez-vous votre manteau?
Oui, je mettrai mon manteau.

Mettrez-vous votre bonnet de bain?
Oui, je mettrai mon bonnet de bain.

Mettrez-vous votre costume de bain?
Oui, je mettrai mon costume de bain.

Je mettrai mon sweater.

où serez-vous? where will you be?

chez le dentiste, at the dentist's

chez moi, at home

cet_après-midi, this afternoon

ce matin, this morning

chez, at the house of

ce soir, tonight

chez le docteur, at the doctor's

chez la couturière, at the dressmaker's

Où serez-vous ce matin?
Je serai chez le dentiste.

Où serez-vous ce soir?
Je serai chez moi.

Où serez-vous cet_après-midi?
Je serai chez le docteur.

Où serez-vous ce matin?
Je serai chez la couturière.

Je serai chez lui. *I'll be at his house.*
Je serai chez_elle. *I'll be at her house.*
Je serai chez_eux. *I'll be at their house.*

avec, with
quand? when?
viendrez-vous? will you come?
je viendrai demain, I'll come tomorrow
je viendrai en auto, I'll come in the car

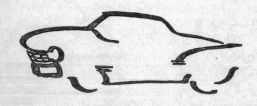

Je viendrai en auto.

Quand viendrez-vous?
Je viendrai demain.

Viendrez-vous avec Paul?
Oui, je viendrai avec Paul.

À quelle heure viendrez-vous?
At what time will you come?

Je viendrai à huit heures.
I'll come at eight o'clock.

List of words in the composition on the next page.

À LA MER

à la mer, on the seashore
dimanche, on Sunday
j'irai, I'll go
avec des amis, with some friends
il y a, there is, there are
beaucoup de belles plages, many beautiful beaches
nous partirons tôt, we'll leave early
nous irons en auto, we'll go in the car
sur la plage, on the beach
je mettrai, I'll put on
mon costume de bain, my swimming suit
aussi, also
pour marcher, in order to walk
bonnet de bain, swimming cap
pour nager, in order to swim
pour le pique-nique, for the picnic
je vais préparer, I'm going to prepare
du poulet, chicken
du fromage, cheese
du jambon, ham
nous achèterons, we'll buy
de la glace, some ice cream
je prendrai, I'll take
un bain de soleil, a sun bath
je rentrerai bronzé, I'll come home sun tanned
j'aime nager, I like to swim
j'espère nager beaucoup, I hope to swim a lot
fatigué, mais heureux, tired but happy

À LA MER

Dimanche, j'irai à la mer avec des amis. Il y a beaucoup de belles plages à la Riviera.

Nous partirons tôt et nous irons en auto. Sur la plage, je mettrai mon costume de bain. Je mettrai aussi mes sandales pour marcher sur la plage. Je mettrai mon bonnet de bain pour nager.

Pour le pique-nique, je vais préparer du poulet, du fromage, du jambon, une salade et des sandwiches. Nous achèterons des fruits et de la glace sur la plage.

Je prendrai un bain de soleil sur la plage et je renterai bronzé.

J'aime nager et j'espère nager beaucoup dimanche.

Je rentrerai fatigué, mais heureux.

EVERYDAY EXPRESSIONS

C'est ouvert. It's open.
C'est fermé. It's closed.
Savez-vous? Do you know? (a fact)
Connaissez-vous? Do you know? (a person, a place)
Je ne sais pas. I don't know. (a fact)
Je ne connais pas. I don't know. (a person, a place)
C'est cassé. It's broken.
Bonne chance. Good luck.
Vraiment. Really.
Après. After, afterward.
Avant. Before.
Avant dîner. Before dinner.
Assez. Enough.
Devant. In front of.
Derrière. Behind.
Plus. More.
Moins. Less.
Plus ou moins. More or less.
Près. Near. Close.
Loin. Far.
Pourquoi? Why?
Parce que. Because.
Donc. Therefore. So.
Pendant. While. During.
Pendant le voyage. During the trip.
Néanmoins. Notwithstanding.
Ici. Here.
Là. There.
Là-bas. Over there.
Vite. Quickly.
Bientôt. Soon.
Tôt. Early.
Tard. Late.

voyez-vous? do you see?
je le vois, I see it, him
je la vois, I see it, her
   la jeune fille, the girl, young lady

la chaise, the chair
le plateau, the tray
le garçon, the boy

Voyez-vous le
   plateau?
Oui, je le vois.

Voyez-vous la chaise?
   Oui, je la vois.

Voyez-vous le garçon?
Oui, je le vois.

Voyez-vous la jeune
   fille?
   Oui, je la vois.

LE means IT (masculine) and HIM.
LA means IT (feminine) and HER.
ME means ME.

Je le vois. I see him.
Je la vois. I see her.
Je le connais. I know him.
Je la connais. I know her.
Il me connaît. He knows me.

voyez-vous? do you see?
je les vois, I see them

les garçons, the boys
les jeunes filles, the young ladies

Voyez-vous les garçons?
Oui, je les vois.

Voyez-vous les jeunes filles?
Oui, je les vois.

Voyez-vous les fleurs?
Oui, je les vois.

Voyez-vous les_étoiles?
Oui, je les vois.

LES means THEM (things and people).
NOUS means US.

Je les vois. I see them (I them see).
Je les connais. I know them.
Il nous connaît. He knows us.

203

lui, TO him, TO her
avez-vous parlé? did you talk?
je lui ai parlé, I talked to him, to her

Avez-vous parlé à Robert?
Oui, je lui ai parlé.

Avez-vous parlé à Marie?
Oui, je lui ai parlé.

Lui avez-vous parlé hier?
Did you talk to her yesterday?
Oui, je lui ai parlé hier.
Yes, I talked to her yesterday.

Lui avez-vous parlé ce matin?
Did you talk to him this morning?
Oui, je lui ai parlé ce matin.
Yes, I talked to him this morning.

je lui parle, I talk to him, to her

Remember:
    LE means HIM. LUI means TO him.
    LA means HER. LUI means TO her.

leur, TO them

avez-vous parlé? did you talk?
je leur ai parlé, I talked to them (I to them have talked)
leur avez-vous parlé? did you talk to them? (to them
  have you talked?)

et, and

Avez-vous parlé à Robert et à Marie?
Oui, je leur ai parlé. Yes, I talked to them.
Avez-vous parlé à Paul et à Louise?
Oui, je leur ai parlé.

to me	ME	NOUS	to us
to you	VOUS	VOUS	to you (pl.)
to him, to her	LUI	LEUR	to them

Marie lui a parlé ce matin. *Mary talked to him this morning.*
Albert leur a parlé aujourd'hui. *Albert talked to them today.*
Robert nous a parlé ce soir. *Robert talked to us tonight.*
Nous lui avons parlé. *We talked to her.*

NOTE: ME becomes M' when it is followed by a word
which begins with a vowel.

> **Marie m'a parlé ce matin.**
> *Mary talked to me this morning.*

205

je me couche tard, I go to bed late

Je me couche tard.

Je me réveille tôt. I wake up early.
Je me lève tôt. I get up early.
Je m'amuse. I have a good time. (I amuse myself)
Je me dépêche. I'm hurrying.
Je me promène. I'm taking a walk.
Il se marie. He's getting married.
Nous nous levons tard. We get up late.
Elle s'amuse. She has a good time. (She amuses herself)
Elle se repose. She is resting.
Il s'ennuie. He is bored.
Je me repose. I'm resting.
Je me rappelle. I remember.
Paul se marie. Paul is getting married.
Comment vous appelez-vous? What's your name? (how are you called?)

The verbs above are preceded by the following pronouns:

REFLEXIVE PRONOUNS

(myself)	ME	NOUS	(ourselves)
(yourself)	VOUS	VOUS	(yourselves)
(himself, herself)	SE	SE	(themselves)

je me suis levé tôt, I got up early

Je me suis levé tôt.

Je me suis reposé. I rested.
Je me suis amusé. I had a good time. (I amused myself)
Je me suis ennuyé. I was bored.
Je me suis dépêché. I hurried.
Il s'est marié. He got married.
Elle s'est couchée tard. She went to bed late.
Elle s'est levée tôt. She got up early.
Nous nous sommes amusés. We had a good time.
Ils se sont réveillés tard. They woke up late.
Elles se sont fâchées. They got angry.
Elle s'est fiancée. She got engaged.
Je me suis bien amusé. I had a good time.
Je me suis promené. I took a walk.
Je me suis trompé. I made a mistake.
Nous nous sommes réveillés tôt. We woke up early.

End the command in EZ.

venez! come!
donnez-moi, give me
stylo, fountain pen

au bureau, at the office
ce matin, this morning
à la campagne, to the country

Venez au bureau ce matin.

Venez à la campagne.

Donnez-moi le livre.

Donnez-moi une enveloppe.

Donnez-moi un stylo.
Donnez-moi le dictionnaire.
Venez vite. *Come quickly.*
Venez tout de suite. *Come at once.*
Venez ici. *Come here.*

Entrez
Come in

INFINITIVE	COMMAND
écouter, to listen	écoutez, listen
attendre, to wait	attendez, wait
regarder, to look	regardez, look
fermer, to close	fermez, close
	fermez la porte, close the door
venir, to come	venez, come
chercher, to look for	cherchez, look for
	cherchez mes bagages, look for my baggage, get my baggage
ouvrir, to open	ouvrez la fenêtre, open the window
monter, to go upstairs	montez, go upstairs
aller, to go	allez, go, go ahead
	allez-vous-en, go away
finir, to finish	finissez la leçon, finish the lesson
prendre, to take	prenez le train, take the train
s'asseoir, to sit down	asseyez-vous, sit down
s'amuser, to have fun	amusez-vous bien, have a good time
se dépêcher, to hurry	dépêchez-vous, hurry up
sonner, to ring	sonnez, ring
prendre, to take, get	prenez deux billets, get two tickets

209

moi, me

Suivez-moi.
Follow me.

INFINITIVE	COMMAND
écrire, to write	**écrivez-moi,** write to me
téléphoner, to phone	**téléphonez-moi,** phone me
attendre, to wait	**attendez-moi,** wait for me
écouter, to listen	**écoutez-moi,** listen to me
répondre, to answer	**répondez-moi,** answer me
donner, to give	**donnez-moi la clef,** give me the key
montrer, to show	**montrez-moi votre passeport,** show me your passport
apporter, to bring	**apportez-moi la lettre,** bring me the letter
acheter, to buy	**achetez-moi des cigarettes,** buy me some cigarettes
réserver, to reserve	**réservez-moi une table,** reserve me a table
	réservez-nous une table, reserve us a table
réveiller, to wake someone	**réveillez-moi,** wake me up
	réveillez-moi à huit heures, wake me up at eight o'clock

APPENDIX

I. IN THE RESTAURANT

le restaurant, the restaurant
le garçon, the waiter
la serveuse, the waitress
le sommelier, the wine waiter
le repas, the meal
le petit déjeuner, breakfast
le déjeuner, lunch
le dîner, dinner
du beurre, s'il vous plaît, butter, please
du sel, salt
du poivre, pepper
du pain, bread
des toasts, toast
des petits pains, rolls
de la moutarde, mustard
un café au lait, coffee with milk
un café noir, black coffee
un café crème, coffee with cream
de la marmelade, marmalade
de la confiture, jam
la nappe, the table cloth
une serviette, a napkin
de l'huile, oil
du vinaigre, vinegar
de l'eau, water
de l'eau glacée, water with ice
des oeufs, eggs
des oeufs sur le plat, fried eggs
des oeufs brouillés, scrambled eggs
des oeufs à la coque, soft boiled eggs
une omelette, an omelet
des oeufs durs, hard boiled eggs

du jus de grapefruit, grapefruit juice
du jus d'orange, orange juice
du jus de tomate, tomato juice
du jus d'ananas, pineapple juice
du lard, bacon
du jambon, ham
du miel, honey
de la soupe, soup
du potage, soup
des crevettes, shrimps
un sandwich, a sandwich
des huîtres, oysters
une salade, a salad
de la viande, meat
du poisson, fish
un bifteck, beefsteak
du filet, filet
du poulet, chicken
de la sauce, sauce, gravy
de la mayonnaise, mayonnaise
du rosbif, roast beef
du veau, veal
du poulet rôti, roast chicken
du poulet grillé, grilled chicken
du canard, duck
une côtelette, a chop
une côtelette d'agneau, a lamb chop
une côtelette de porc, a pork chop
une côtelette de mouton, a mutton chop
des épinards, spinach
des carottes, carrots
des tomates, tomatoes
des olives, olives
des radis, radishes
des laitues, lettuce
des pommes de terre, potatoes

des pommes frites, fried potatoes
de la purée de pommes de terre, mashed potatoes
des champignons, mushrooms
des asperges, asparagus
des choux-fleurs, cauliflower
des oignons, onions
des haricots verts, string beans
de l'ail, garlic
du céleri, celery
des petits pois, peas
des légumes, vegetables
du riz, rice
des moules, mussels
de la langouste, lobster
du fromage, cheese
le dessert, the dessert
du gâteau, cake
de la pâtisserie, little cakes
des gâteaux secs, cookies
de la glace, ice cream
de la glace à la vanille, vanilla ice cream
de la glace au chocolat, chocolate ice cream
de la crème au chocolat, chocolate sauce
des fruits, fruit
de la compote, stewed fruit
une pomme, an apple
une poire, a pear
une banane, a banana
une orange, an orange
une pêche, a peach
des fraises, strawberries
des framboises, raspberries
des cerises, cherries
de l'ananas, pineapple
du melon, melon
un citron, a lemon

du melon d'eau, watermelon
de la citronnade, lemonade
de l'orangeade, orangeade
un verre de lait froid, a glass of cold milk
une tasse de café, a cup of coffee
un verre d'eau, a glass of water
du sucre, sugar
de la crème, cream
une cuiller, a spoon
une assiette, a plate
une soucoupe, a saucer
une fourchette, a fork
un couteau, a knife
l'addition, s'il vous plaît, the check, please
un pourboire, a tip

II. IN THE HOTEL

hôtel, hotel
le caissier, the cashier
le portier, the doorman
le porteur, the porter
la femme de chambre, the maid
le garçon, the waiter
le valet, the valet
le concierge, the deskclerk
le chef de réception, the roomclerk
la gouvernante, the housekeeper
le chasseur, the bellboy
le propriétaire, the owner
le directeur, the manager
la blanchisseuse, the laundress
la clef, the key
le courrier, the mail
le message, the message
les bagages, the baggage

la valise, the suitcase
la malle, the trunk
une chambre, a room
une chambre à un lit, a single room
une chambre à deux lits, a double room
une chambre avec salle de bains, a room with bath
la salle à manger, the dining-room
allô, hello (for phone only)
du savon, soap
du savon, s'il vous plaît, soap, please
la serviette, the briefcase
des serviettes, towels
des serviettes, s'il vous plaît, towels, please
une couverture, a blanket
une couverture supplémentaire, s'il vous plaît,
   another blanket, please
un oreiller, a pillow
un oreiller supplémentaire, s'il vous plaît,
   another pillow, please
des cintres, s'il vous plaît, hangers, please
l'ascenseur, the elevator
l'appareil photographique, the camera
des pellicules, films
Avez-vous des lettres pour moi? Have you any letters
   for me?

III.   THE STORES AND SHOPS

le magasin, the store
le grand magasin, the department store
le marché, the market
la boucherie, the butcher shop
la crémerie, the dairy
l'épicerie, the grocery store
la boulangerie, the bakery
la charcuterie, the delicatessen

la pâtisserie, the pastry shop
le salon de thé, the tea room
la blanchisserie, the laundry
la teinturerie, the cleaner, dyer
le coiffeur, the barber, the hairdresser
la couturière, the dressmaker, seamstress
la modiste, the milliner
le tailleur, the tailor
le magasin de chaussures, the shoe shop
le cordonnier, the cobbler
la pharmacie, the pharmacy, the drug store
la papeterie, the stationery store
le bureau de tabac, the cigar store, tobacconist
la librairie, the bookstore
la quincaillerie, the hardware store
la bijouterie, the jewelry store
l'antiquaire, the antique shop

IV. THE NUMBERS

0	zéro	16	seize
1	un	17	dix-sept
2	deux	18	dix-huit
3	trois	19	dix-neuf
4	quatre	20	vingt
5	cinq	21	vingt et un
6	six	22	vingt-deux
7	sept	23	vingt-trois
8	huit	24	vingt-quatre
9	neuf	25	vingt-cinq
10	dix	26	vingt-six
11	onze	27	vingt-sept
12	douze	28	vingt-huit
13	treize	29	vingt-neuf
14	quatorze	30	trente
15	quinze	31	trente et un

32	trente-deux, etc.	70	soixante-dix
40	quarante	71	soixante et onze
41	quarante et un	72	soixante-douze, etc.
42	quarante-deux, etc.	80	quatre-vingts
		81	quatre-vingt-un
50	cinquante	82	quatre-vingt-deux, etc.
51	cinquante et un	90	quatre-vingt-dix
52	cinquante-deux, etc.	91	quatre-vingt-onze, etc.
60	soixante		
61	soixante et un	99	quatre-vingt-dix-neuf
62	soixante-deux, etc.	100	cent

101	cent un
102	cent deux
103	cent trois, etc.
150	cent cinquante
175	cent soixante-quinze
200	deux cents
300	trois cents
400	quatre cents
500	cinq cents, etc.
900	neuf cents
1.000	mille
1.300	treize cents
	mille trois cents
2.000	deux mille
2.100	deux mille cent
3.000	trois mille
50.000	cinquante mille
1.000.000	un million
$2.000.000	deux millions de dollars
2.000.000 frs.	deux millions de francs

V. THE DAYS OF THE WEEK

dimanche, Sunday, on Sunday
lundi, Monday, on Monday
mardi, Tuesday, on Tuesday
mercredi, Wednesday, on Wednesday
jeudi, Thursday, on Thursday
vendredi, Friday, on Friday
samedi, Saturday, on Saturday

VI. THE MONTHS OF THE YEAR

janvier, January
février, February
mars, March
avril, April
mai, May
juin, June

juillet, July
août, August
septembre, September
octobre, October
novembre, November
décembre, December

VII. THE SEASONS

le printemps, spring
l'été, summer

l'automne, fall
l'hiver, winter

VIII. THE MEMBERS OF THE FAMILY

mon père, my father
mon frère, my brother
mon grand-père, my grandfather
mon cousin, my cousin (m.)
mon beau-père, my father-in-law
mon oncle, my uncle
mon beau-frère, my brother-in-law

ma mère, my mother
ma soeur, my sister
ma grand'mère, my grandmother
ma cousine, my cousin (f.)
ma belle-mère, my mother-in-law
ma tante, my aunt
ma belle-soeur, my sister-in-law

mon petit-fils, my grandson
mon neveu, my nephew
mon fils, my son
mes parents, my parents
mon mari, my husband
mon gendre, my son-in-law

ma petite-fille, my granddaughter
ma nièce, my niece
ma fille, my daughter
des parents, relatives
ma femme, my wife
ma belle-fille, my daughter-in-law

IX. THE COLORS

blanc, white
noir, black
rouge, red
brun, brown

marron, brown
bleu, blue
vert, green
gris, grey

jaune, yellow
violet, purple
rose, pink

X. PARTS OF THE BODY

la tête, the head
la figure, the face
le nez, the nose
les oreilles, the ears
la bouche, the mouth
le menton, the chin
les joues, the cheeks
le front, the forehead
les cils, the eyelashes
les sourcils, the eyebrows
les paupières, the eyelids
les dents, the teeth
la langue, the tongue
les cheveux, the hair
la moustache, the mustache
le cou, the neck
la gorge, the throat
les yeux, the eyes

les épaules, the shoulders
les bras, the arms
les coudes, the elbows
les poignets, the wrists
les mains, the hands
les doigts, the fingers
les ongles, the fingernails
le dos, the back
l'estomac, the stomach
la poitrine, the chest
la taille, the waist
les hanches, the hips
les jambes, the legs
les genoux, the knees
les chevilles, the ankles
les pieds, the feet
les doigts de pied, the toes

VERB CONJUGATIONS
AND
PRONOUNS

REGULAR VERBS ENDING IN "ER"

Example: CHANTER, to sing

PRESENT	EXAMPLE

Remove ER and add:

E	ONS
EZ	EZ
E	ENT

Je chante, I sing
Vous chantez, you sing
Il chante, he sings, it sings
Elle chante, she sings, it sings
Nous chantons, we sing
Ils chantent, they (masc.) sing
Elles chantent, they (fem.) sing

The above verb also means "I am singing, you are singing," etc.

PAST	EXAMPLE

1. Remove ER and add É.
2. Place the following auxiliaries before the verb:

J'AI	NOUS AVONS
VOUS AVEZ	VOUS AVEZ
IL A	ILS ONT
ELLE A	ELLES ONT

J'ai chanté, I sang
Vous avez chanté, you sang
Il a chanté, he sang
Elle a chanté, she sang
Nous avons chanté, we sang
Ils ont chanté, they (m.) sang
Elles ont chanté, they (f.) sang

The above verb also means "I have sung, you have sung," etc.

IMPERFECT

Remove ER and add:

AIS	IONS
IEZ	IEZ
AIT	AIENT

EXAMPLE

Je chantais, I used to sing
Vous chantiez, you used to sing
Il chantait, he used to sing
Elle chantait, she used to sing
Nous chantions, we used to sing
Ils chantaient, they (m.)
used to sing
Elles chantaient, they (f.)
used to sing

FUTURE

Add the following endings to the complete infinitive:

AI	ONS
EZ	EZ
A	ONT

EXAMPLE

Je chanterai, I'll sing
Vous chanterez, you'll sing
Il chantera, he'll sing, it will sing
Elle chantera, she'll sing,
it will sing
Nous chanterons, we'll sing
Ils chanteront, they'll (m.) sing
Elles chanteront, they'll (f.) sing

CONDITIONAL

Add the following endings to the complete infinitive:

AIS	IONS
IEZ	IEZ
AIT	AIENT

EXAMPLE

Je chanterais, I would sing
Vous chanteriez, you would sing
Il chanterait, he would sing
Elle chanterait, she would sing
Nous chanterions,
we would sing
Ils chanteraient, they (m.)
would sing
Elles chanteraient, they (f.)
would sing

COMMAND	EXAMPLE
Remove ER and add:	Chantez, sing

$$\begin{array}{c|c} & \text{ONS} \\ \hline \text{EZ} & \text{EZ} \end{array}$$

Chantez, sing
Chantons, let's sing
Chantez, sing (plural)

LIST OF REGULAR VERBS ENDING IN "ER"

accepter, to accept
aider, to help
aimer, to like, to love
apporter, to bring
arrêter, to stop
cacher, to hide
caresser, to caress
changer, to change
chanter, to sing
commander, to order
commencer, to begin
danser, to dance
déballer, to unpack
décider, to decide
déjeuner, to have lunch
étudier, to study
demander, to ask
déposer, to deposit
dîner, to have dinner
discuter, to discuss
donner, to give
échanger, to exchange
écouter, to listen
emballer, to pack
embrasser, to kiss
exporter, to export
fermer, to close

gagner, to earn, to win
importer, to import
insister, to insist
inviter, to invite
jouer, to play
laisser, to leave (a thing)
laver, to wash
livrer, to deliver
louer, to rent
manger, to eat
marcher, to walk
montrer, to show
nager, to swim
parler, to speak
passer, to pass, to spend time
payer, to pay
porter, to carry
préparer, to prepare
raccommoder, to mend
recommander, to recommend
refuser, to refuse
regarder, to look at
repasser, to iron
réserver, to reserve
travailler, to work
trouver, to find
voyager, to travel

REGULAR VERBS ENDING IN "IR"

Example: FINIR, to finish

PRESENT
Remove IR and add:

IS	ISSONS
ISSEZ	ISSEZ
IT	ISSENT

EXAMPLE

Je finis, I finish
Vous finissez, you finish
Il finit, he finishes, it finishes
Elle finit, she finishes,
  it finishes
Nous finissons, we finish
Ils finissent, they (masc.) finish
Elles finissent, they (fem.) finish

The above verb also means "I am finishing, you are finishing," etc.

PAST
1. Remove the letter R.
2. Place the following auxiliaries before the verb:

J'AI	NOUS AVONS
VOUS AVEZ	VOUS AVEZ
IL A	ILS ONT
ELLE A	ELLES ONT

EXAMPLE

J'ai fini, I finished
Vous avez fini, you finished
Il a fini, he finished
Elle a fini, she finished
Nous avons fini, we finished
Ils ont fini, they (m.) finished
Elles ont fini, they (f.) finished

The above verb also means "I have finished, you have finished," etc.

IMPERFECT

Remove IR and add:

ISSAIS	ISSIONS
ISSIEZ	ISSIEZ
ISSAIT	ISSAIENT

EXAMPLE

Je finissais, I used to finish

Vous finissiez, you used to finish

Il finissait, he, it used to finish

Elle finissait, she, it used to finish

Nous finissions, we used to finish

Ils finissaient, they (m.) used to finish

Elles finissaient, they (f.) used to finish

FUTURE

Add the following endings to the complete infinitive:

AI	ONS
EZ	EZ
A	ONT

EXAMPLE

Je finirai, I'll finish

Vous finirez, you'll finish

Il finira, he'll finish, it will finish

Elle finira, she'll finish, it will finish

Nous finirons, we'll finish

Ils finiront, they'll (m.) finish

Elles finirent, they'll (f.) finish

CONDITIONAL

Add the following endings to the complete infinitive:

AIS	IONS
IEZ	IEZ
AIT	AIENT

EXAMPLE

Je finirais, I would finish

Vous finiriez, you would finish

Il finirait, he, it would finish

Elle finirait, she, it would finish

Nous finirions, we would finish

Ils finiraient, they (m.) would finish

Elles finiraient, they (f.) would finish

COMMAND	EXAMPLE
Remove IR and add:	Finissez, finish

	ISSONS
ISSEZ	ISSEZ

Finissez, finish
Finissons, let's finish
Finissez, finish (plural)

LIST OF REGULAR VERBS ENDING IN "IR"

envahir, to invade

finir, to finish

choisir, to choose

obéir, to obey

grandir, to grow

punir, to punish

garantir, to guarantee

réfléchir, to reflect, think over

établir, to establish

applaudir, to applaud

accomplir, to accomplish

polir, to polish

rôtir, to roast

fournir, to furnish

réussir, to succeed

convertir, to convert

Example: VENDRE, to sell

PRESENT

Remove RE and add:

S	ONS
EZ	EZ
	ENT

EXAMPLE

Je vends, I sell
Vous vendez, you sell
Il vend, he sells
Elle vend, she sells
Nous vendons, we sell
Ils vendent, they (m.) sell
Elles vendent, they (f.) sell

The above verb also means "I am selling, you are selling," etc.

PAST

1. Remove RE and add U.
2. Place the following auxiliaries before the verb:

J'AI	NOUS_AVONS
VOUS_AVEZ	VOUS_AVEZ
IL A	ILS_ONT
ELLE A	ELLES_ONT

EXAMPLE

J'ai vendu, I sold
Vous_avez vendu, you sold
Il a vendu, he sold
Elle a vendu, she sold
Nous_avons vendu, we sold
Ils_ont vendu, they (m.) sold
Elles_ont vendu, they (f.) sold

The above verb also means "I have sold, you have sold," etc.

IMPERFECT

Remove RE and add:

AIS	IONS
IEZ	IEZ
AIT	AIENT

EXAMPLE

Je vendais, I used to sell
Vous vendiez, you used to sell
Il vendait, he used to sell
Elle vendait, she used to sell
Nous vendions, we used to sell
Ils vendaient, they (m.)
    used to sell
Elles vendaient, they (f.)
    used to sell

FUTURE

Remove E and add:

AI	ONS
EZ	EZ
A	ONT

EXAMPLE

Je vendrai, I'll sell
Vous vendrez, you'll sell
Il vendra, he'll sell
Elle vendra, she'll sell
Nous vendrons, we'll sell
Ils vendront, they'll (m.) sell
Elles vendront, they'll (f.) sell

CONDITIONAL

Remove E and add:

AIS	IONS
IEZ	IEZ
AIT	AIENT

EXAMPLE

Je vendrais, I would sell
Vous vendriez, you would sell
Il vendrait, he would sell
Elle vendrait, she would sell
Nous vendrions, we would sell
Ils vendraient, they (m.)
    would sell
Elles vendraient, they (f.)
    would sell

COMMAND	EXAMPLE
Remove RE and adds	Vendez, sell
	Vendons, let's sell
	Vendez, sell (plural)

```
        | ONS
    EZ  | EZ
```

LIST OF REGULAR VERBS ENDING IN "RE"

attendre, to wait

entendre, to hear

défendre, to forbid

dépendre, to depend

suspendre, to hang up

perdre, to lose

prétendre, to pretend

rendre, to return (a thing)

répondre, to answer

vendre, to sell

REFLEXIVE VERBS

Place the following pronouns before the verbs below.

myself	ME	NOUS	ourselves
yourself	VOUS	VOUS	yourselves
himself	SE	SE	themselves

EXAMPLE

JE ME LAVE	NOUS NOUS LAVONS
I wash myself	we wash ourselves
VOUS VOUS LAVEZ	VOUS VOUS LAVEZ
you wash yourself	you wash yourselves
IL SE LAVE	ILS SE LAVENT
he washes himself	they (m.) wash themselves
ELLE SE LAVE	ELLES SE LAVENT
she washes herself	they (f.) wash themselves

Form the past tense of the verbs below with the verbs in the following chart:

I am	JE SUIS	NOUS SOMMES	we are
you are	VOUS ÊTES	VOUS ÊTES	you are
he is	IL EST	ILS SONT	they (m.) are
she is	ELLE EST	ELLES SONT	they (f.) are

231

EXAMPLE

JE ME SUIS LAVÉ I washed myself	NOUS NOUS SOMMES LAVÉS we washed ourselves
VOUS VOUS ÊTES LAVÉ you washed yourself	VOUS VOUS ÊTES LAVÉS you washed yourselves
IL S'EST LAVÉ he washed himself	ILS SE SONT LAVÉS they (m.) washed themselves
ELLE S'EST LAVÉE she washed herself	ELLES SE SONT LAVÉES they (f.) washed themselves

LIST OF REFLEXIVE VERBS

se reposer, to rest
se coucher, to go to bed
s'endormir, to go to sleep
se lever, to get up
se brûler, to burn yourself
se peser, to weigh yourself
se peigner, to comb your hair
se coiffer, to do your hair
se préparer, to get ready
se raser, to shave
s'asseoir, to sit down
s'habiller, to dress
se déshabiller, to undress
se marier, to get married
se fiancer, to get engaged
se fatiguer, to get tired
se baigner, to bathe
se laver, to wash

s'arrêter, to stop
se brosser, to brush yourself
se changer, to change your clothes
se dépêcher, to hurry
s'enrhumer, to catch cold
se réveiller, to wake up
s'amuser, to have a good time
s'ennuyer, to get bored
s'appeler, to be called
se fâcher, to get angry
se perdre, to get lost
se rappeler, to remember
se tromper, to make a mistake

Venir, to come
Je suis venu. I came (I am come)

Sortir, to go out
Je suis sorti. I went out (I am gone out)

Partir, to leave
Je suis parti. I went away, I left (I am parted)

Rester, to stay
Je suis resté. I stayed (I am stayed)

Aller, to go
Je suis allé. I went (I am gone)

Monter, to go up
Je suis monté. I went up (I am gone up)

Descendre, to go down
Je suis descendu. I went down (I am gone down)

Entrer, to enter, to come in
Je suis entré. I went in. I came in

Rentrer, to return home
Je suis rentré. I returned home, I got home

Revenir, to get back, to return
Je suis revenu. I got back, I returned

Arriver, to arrive, to get there, to get here
Je suis arrivé. I arrived, I got there, here

Naître, to be born
Je suis né. I was born (I am born)

Tomber, to fall
Je suis tombé. I fell

Devenir, to become
Je suis devenu. I became

Mourir, to die
Il est mort. He died, he is dead

PRONOUNS

SUBJECT PRONOUNS

I	JE	NOUS	we
you	VOUS	VOUS	you
he	IL	ILS	they (masc.)
she	ELLE	ELLES	they (fem.)

REFLEXIVE PRONOUNS

myself	ME	NOUS	ourselves
yourself	VOUS	VOUS	yourselves
himself, herself	SE	SE	themselves

DIRECT OBJECT PRONOUNS

me	ME	NOUS	us
you	VOUS	VOUS	you
him	LE	LES	them
her	LA		

INDIRECT OBJECT PRONOUNS

to me	ME	NOUS	to us
to you	VOUS	VOUS	to you
to him, to her	LUI	LEUR	to them

A

a, il, elle, he, she has
à, to, in, at
  à bientôt, see you soon
  à demain, see you tomorrow
  à droite, to the right
  à gauche, to the left
abricot, m. apricot
absolument, absolutely
accepter, to accept
accomplir, to accomplish
accord, d', I agree
acheter, to buy
addition, f. check
aérodrome, m. airport
agence, f. agency
  agence de voyage,
    travel agency
agent, m. policeman
ai, j', I have
aide, à l', help!
aider, to help
ail, m. garlic
aimer, to like, love
allait, il, elle, he, she used to go
allé(e), gone
  je suis allé(e), I went,
    have (am) gone
aller, to go
allez-vous? do you go?

allez, vous, you go
allez-vous-en, go away
alliez, vous, you used to go
allions, nous, we used to go
allô, hello (for phone only)
allons, let's go
allons, nous, we go, we are going
allumette, f. match
ami(e), friend
amour, m. love
amusais, je m', I used to have
  fun (a good time)
(s')amuser, to have a good time
amusiez, vous amusiez-vous?
  did you (use to) have fun?
  (a good time)
ananas, m. pineapple
  jus d'ananas, pineapple juice
anglais, English
  en anglais, in English
animal, m. animal
antiquaire, m. antique shop
août, m. August
appareil photographique,
  m. camera
appartement, m. apartment
(s')appeler, to be called
applaudir, to applaud
apporter, to bring
après, after, afterwards
après-midi, m. afternoon

appris, j'ai, I learned

Arc de Triomphe, m. Arch of Triumph.

argent, m. money

armoire, f. closet

(s')arrêter, to stop

arrivé(e), je suis, I arrived, I got there, here

arriver, to arrive, to get there, to get here

article, m. article

artiste, m. artist

ascenseur, m. elevator

asperges, f. pl. asparagus

(s')asseoir, to sit down

asseyez-vous, sit down

assez, enough, rather, quite

assiette, f. plate

assis(e), seated

attendre, to wait, to wait for

au, m., to the, at the

au revoir, good bye, see you again

aujourd'hui, today

aussi, also

auto, f. car

autobus, m. bus

automne, m. fall

avait, il, elle, he, she, it had

avance, en, early

avant, before

avec, with

avec plaisir, with pleasure, gladly

avez, vous, you have

avez-vous?, have you?

avez-vous écrit? Have you written?

avion, m. plane

avons, nous, we have

avril, m. April

B

bagages, m. pl. baggage

(se) baigner, to bathe

bain de soleil, m. sun bath

bal, m. dance

ballet, m. ballet

banane, f. banana

banque, f. bank

bas, m. stockings

bateau, m. boat

beau, m. beautiful, handsome

beaux, pl.

beaucoup, much, a lot

beaucoup de, many

beau-frère, m. brother-in-law

beau-père, m. father-in-law

beauté, f. beauty

bébé, m. baby

belle, f. beautiful, lovely

belle-fille, f. daughter-in-law

belle-mère, f. mother-in-law

belle-soeur, f. sister-in-law

Berlin, Berlin

besoin, j'ai, I need

beurre, m. butter

bien, alright, O.K., well

bientôt, soon

à bientôt, see you soon

bifteck, m. beefsteak
bijouterie, f. jewelry store
billet, m. ticket
biographie, f. biography
blanc, m. white
  blanche, f. white
blanchisserie, f. laundry
blanchisseuse, f. laundress
bleu(e), blue
blouse, f. blouse
boivent, ils, they drink
bon, m. good
bonjour, m. good morning
bonne, f. good
  bonne nuit, good night
bonnet de bain,
  m. swimming cap
bonsoir, good evening
boucherie, f. butcher shop
boulangerie, f. bakery
boulevard, m. boulevard
bouton, m. button
bracelet, m. bracelet
bras, m. arm
bridge, m. bridge (game)
bronzé(e), sun tanned
brosse à dents, f. tooth brush
(se) brosser, to brush oneself
(se) brûler, to burn oneself
brun(e), brown
bu, j'ai, I drank
bureau, m. office
  bureau de tabac,
    m. cigar store, tobacconist

C

câble, m. cable
cacher, to hide
café, m. coffee
  café au lait, coffee with milk
  café noir, black coffee
  café crème, coffee with
    cream
caissier, m. cashier
campagne, f. countryside
canard, m. duck
canari, m. canary
caresser, to caress
carotte, f. carrot
carte, f. card
  carte postale, post card
cassé(e), broken
ce, m. this, that
cela, it
  cela dépend, it depends
célèbre, famous
céleri, m. celery
cendrier, m. ash tray
cent, m. one hundred
cerise, f. cherry
certainement, certainly,
  of course
ces, these
c'est, it is, it's
  c'est formidable, it's terrific
cet, m. this, that
  cet après-midi, this afternoon
cette, f. this, that
chaise, f. chair

chambre, f. room
  chambre à deux lits, double room
  chambre à un lit, single room
  chambre avec salle de bain, room with bath
champignons, m. mushrooms
chance, f. luck
  bonne chance, good luck
changer, to change
(se) changer, to change your clothes
chanter, to sing
chapeau, m. hat
charcuterie, f. delicatessen
charmant(e), charming
chasseur, m. bellboy
chat, m. cat
chaud(e), hot
chaussettes, f. socks
chaussures, f. shoes
chef de réception, m. room clerk
chemise, f. shirt
chèque, m. check
cher, m. expensive
cheval, m. horse
cheville, f. ankle
chez, at the house of
  chez le docteur, at the doctor's
  chez moi, at home
  chez vous, at your house
chocolat, m. chocolate
choisir, to choose

chose, f. thing
choux-fleurs, m. pl. cauliflower
cigare, m. cigar
cils, m. eyelashes
cinéma, m. movies
cinq, five
cinquante, fifty
cintre, m. hanger
cirque, m. circus
ciseaux, m. pl. scissors
citron, m. lemon
citronnade, f. lemonade
classe, f. class
clef, f. key
coiffeur, m. barber, hairdresser
collier, m. necklace
combien? how much?
commander, to order
commencer, to begin
comment, how
  comment allez-vous? how are you? (how do you go?)
  comment dit-on? how do you say?
  comment vous appelez-vous? what is your name?
compote, f. stewed fruit
compris, j'ai, I understood
concert, m. concert
concierge, m. desk clerk
confiture, f. jam
connais, je ne connais pas, I don't know (a person, a place)

connaissez-vous? do you know?
(a person, a place)

connu, j'ai, I knew (a person)

convertir, to convert

cordonnier, m. cobbler

costume, m. man's suit
   costume de bain, swimming
    suit

côtelette, f. chop
   côtelette d'agneau, lamb
    chop
   côtelette de mouton,
    mutton chop
   côtelette de porc, pork chop

(se) coucher, to go to bed

coude, m. elbow

courrier, m. mail

course, f. errand

couru, j'ai, I ran

cousin, m. cousin

cousine, f. cousin

couteau, m. knife

coûter, to cost

couturière, f. dressmaker,
   seamstress

couverture, f. blanket

cravate, f. tie

crème, f. cream
   crème au chocolat,
    chocolate sauce

crémerie, f. dairy

cuiller, f. spoon

D

dans, in

danser, to dance

de, of
   de rien, you are welcome

de la, f. s. any, some

déballer, to unpack

décembre, m. December

décider, to decide

défendre, to defend, to forbid

déjà, already

déjeuner v., to lunch,
    have lunch
   déjeuner, m. lunch
   petit déjeuner, m. breakfast

délicieuse, f. delicious

demain, tomorrow

demander, to ask

demi, half

dent, f. tooth

dentiste, m. dentist

(se) dépêcher, to hurry

dépendre, to depend

déposer, to deposit

dernier, m. last

derrière, behind

des, pl. any, some

descendre, to go down

descendu(e), je suis, I went
   down (I am gone down)

dessert, m. dessert

deux, two

devant, in front of

devenir, to become

devenu(e), je suis, I became

devez-vous? do you have to?
   must you?

dictionnaire, m. dictionary
difficultés, j'ai des, I have
   troubles
dimanche, m. Sunday
dîner v. to have dinner, dine
   dîner, m. dinner
directeur, m. manager
discuter, to discuss
dit, j'ai, I said
dix, ten
dix-huit, eighteen
dix-neuf, nineteen
dix-sept, seventeen
docteur, m. doctor
doigt, m. finger
   doigt de pied, toe
dois, je, I have to, must
dollar, m. dollar
donc, therefore, so
donner, to give
dormaient, elles, they (f.)
   used to sleep
dormi, j'ai dormi, I slept,
   have slept
dos, m. back
douze, twelve
droite, right
   à droite, to the right
drôle, funny
du, m.s. any, some

E

eau, f. water
   eau glacée, water with ice

échanger, to exchange
école, f. school
écouter, to listen
écrire, to write
écrit, j'ai, I wrote, have written
écrivez-moi, write to me
église, f. church
élégance, f. elegance
élève, m. & f. student
elle, f. she, it
elles, f. they
emballer, to pack
embrasser, to kiss
emmenait, nous,
   used to take us
(s')endormir, to go to sleep
enfant, m. & f. child
(s')ennuyer, to get bored
(s')enrhumer, to catch cold
entendre, to hear
entré(e), je suis, I went in,
   I came in
entrer, to enter, to come in
envahir, to invade
épaule, f. shoulder
épicerie, f. grocery store
épinards, m. spinach
espère, j', I hope
   je l'espère, I hope so
est, il, elle, he, she is
   c'est, it is
est-ce que? is it that?
estomac, m. stomach
et, and
établir, to establish

étais, j', I was
était, il, elle, he, she, it was
été, m. summer
été, j'ai, I was, I have been
êtes, vous, you are
étoile, f. star
étudier, to study
excellent(e), excellent
exporter, to export

F

fâché(e), angry
(se) fâcher, to get angry
faire, to do, make
fais, je, I do, make
faisait, il, elle, he, she, it used
   to do, to make
faisons, nous, we do, make
fait, il, elle, he, she does,
   makes
fatigué(e), tired
(se) fatiguer, to get tired
femme, f. wife
femme de chambre, f. maid
fenêtre, f. window
fermer, to close
février, m. February
(se) fiancer, to get engaged
filet, m. filet
fille, f. daughter
   jeune fille, girl, young lady
   petite-fille, granddaughter
fils, m. son
finir, to finish

fleur, f. flower
fois, time (occasion)
   une fois, once, one time
   deux fois, twice, two times
   chaque fois, everytime
   une autre fois, again,
      another time
   cette fois, this time
   plusieurs fois, several times
font, ils, elles, they do, make
fontaine, f. fountain
fourchette, f. fork
fournir, to furnish
frais, m. cool
fraise, f. strawberry
framboise, f. raspberry
franc, m. franc
français, French
   en français, in French
France, f. France
frère, m. brother
frigidaire, m. refrigerator
froid(e), cold
fromage, m. cheese
front, m. forehead
fruit, m. fruit
furieux, m. furious

G

gagner, to earn, to win
gants, m. gloves
garage, m. garage
garantir, to guarantee
garçon, m. boy, waiter

gare, f. station
gâteau, m. cake
    gâteau sec, cookie
gauche, left
    à gauche, to the left
gendarme, m. state trooper
gendre, m. son-in-law
géranium, m. geranium
glace, f. ice cream
    glace au chocolat,
        chocolate ice cream
    glace à la vanille,
        vanilla ice cream
golf, m. golf
gorge, f. throat
gorille, m. gorilla
gouvernante, f. housekeeper
grand(e), big
    grand magasin, department
        store
grandir, to grow
grand'mère, f. grandmother
grand-père, m. grandfather
gris(e), grey

H

habiter, to live
hanche, f. hip
haricots verts, m. pl. string
    beans
heure, f. hour, o'clock, time
heureux, m., heureuse, f. happy
hier, yesterday
hiver, m. winter

hôpital, m. hospital
hôtel, m. hotel
huile, f. oil
huit, eight
huître, f. oyster

I

ici, here
il, m. he, it
il y a, there is, there are
illuminé(e), illuminated
ils, m. they
imperméable, m. raincoat
importer, to import
insister, to insist
intelligent(e), intelligent
intéressant(e), interesting
inviter, to invite
ira, il, elle, he'll go, she'll go
irai, j', I'll go
irez-vous? will you go?
Italie, f. Italy

J

jamais, never
jambe, f. leg
jambon, m. ham
janvier, m. January
jardin, m. garden
    jardin zoologique, zoo
jaune, yellow
jeudi, m. Thursday
jouer, to play

jouions, nous, we played, used to play
jour, m. day
  tous les jours, everyday
journal, m. newspaper
journée, f. day
  toute la journée, all day long
juillet, m. July
juin, m. June
jupe, f. skirt
jus, m. juice
  jus d'ananas, pineapple juice
  jus de grapefruit, grapefruit juice
  jus d'orange, orange juice
  jus de tomates, tomato juice

L

la, f. the, her, it
là, there
  là-bas, over there
laisser, to leave (a thing)
lait, m. milk
  un verre de lait froid, a glass of cold milk
laitue, f. lettuce
langouste, f. lobster
langue, f. tongue
lard, m. bacon
laver, to wash
  se laver, to wash oneself
le, m. the, him, it
leçon, f. lesson
légume, m. vegetable

les, m. f. pl. the, them
lettre, f. letter
leur, to them
(se) lever, to get up
librairie, f. bookstore
lion, m. lion
lire, to read
lit, m. bed
livre, m. book
livrer, to deliver
loin, far
long, long, lengthy
  le long des boulevards, along the boulevards
louer, to rent
Louise, Louise
lu, read (past)
  j'ai lu, I read, have read
lui, to him, to her
lundi, m. Monday
lunettes, f. eyeglasses

M

ma, f. s. my
magasin, m. store
  grand magasin, department store
magnifique, magnificent, wonderful
mai, m. May
main, f. hand
maison, f. house
  à la maison, at home
malade, sick

malle, f. trunk
maman, f. mother
manger, to eat
manteau, m. woman's coat
marché, m. market
marcher, to walk
mardi, m. Tuesday
mari, m. husband
Marie, Mary
(se) marier, to get married
marmelade, f. marmalade
mars, m. March
matin, m. morning
mauvais(e), bad
mayonnaise, f. mayonnaise
me, me, to me, myself
melon d'eau, m. watermelon
ménage, faire le ménage,
  do the housework
menton, m. chin
menu, m. menu
mer, f. sea
  à la mer, at the seashore
merci, m. thank you
mercredi, m. Wednesday
mère, f. mother
merveilleuse, f. marvelous
merveilleux, m. marvelous
mes, pl. my
message, m. message
mettrai, je, I'll put, I'll put on
mettrez-vous? will you put,
  put on?
midi, noon
Midi, m. South of France

miel, m. honey
mieux, better
mille, m. one thousand
million, m. million
minuit, m. midnight
mis, put, put on (past)
  il a mis, he put, put on
modiste, f. milliner
moi, me, to me
  donnez-moi, give me
  parlez-moi, speak to me
moins, less
mon, m. s. my
monde, m. world, society, people
  tout le monde, everybody
montagne, f. mountain
montais à cheval, je,
  I used to ride horseback
  je montais à bicyclette,
  I used to ride a bicycle
monté(e), je suis, I went up
  (I am gone up)
monter, to go up
montions, nous montions à
  cheval, we rode horseback,
  used to ride horseback
montrer, to show
mort, il est, he's dead
mouchoir, m. handkerchief
moules, f. mussels
mourir, to die
moustache, f. mustache
moutarde, f. mustard
musée, m. museum
musique, f. music

N

nager, to swim
nagions, nous, we used to swim
naître, to be born
nappe, f. tablecloth
naturellement, naturally
ne ... pas, not
   je ne vais pas, I don't go
né(e), je suis, I was born
   (I am born)
néanmoins, notwithstanding
neige, il, it snows
n'est pas, is not
neuf, m. nine, new
neveu, m. nephew
nez, m. nose
nièce, f. niece
noir(e), black
non, no
nous, we, us, to us, ourselves
novembre, m. November
nuit, f. night
   bonne nuit, good night

O

obéir, to obey
occupé(e), busy
octobre, m. October
oeuf, m. egg
   oeuf à la coque, soft boiled
     egg
   oeuf dur, hard boiled egg
   oeuf sur le plat, fried egg

offert, j'ai, I offered
oignon, m. onion
olive, f. olive
omelette, f. omelet
on, m. & f. they (one)
   on donnait, they used to give
oncle, m. uncle
ongle, m. fingernail
ont ,ils, elles, they have
onze, eleven
Opéra, m. opera house
   opéra, opera
orange, f. orange
orangeade, f. orangeade
oreiller, m. pillow
oreilles, f. ears
où, where
oui, yes
ouvert, open (past)
   j'ai ouvert, I opened

P

pain, m. bread
   petit pain, roll
paire, f. pair
papa, m. father
papeterie, f. stationery store
papiers d'identité, m.
   identification papers
paquet, m. package
parapluie, m. umbrella
parc, m. park
parce que, because
pardessus, m. man's coat

pardon, excuse me, I beg your pardon

parents, m. parents, relatives

parfum, f. perfume

Paris, Paris

Parisien, m. Parisian

parlait, mon père parlait, my father talked

parler, to speak, to talk

parti(e), je suis, I went away, I left (I am parted)

partir, to leave

partout, everywhere

passeport, m. passport

passer, to pass, to spend time

pâte dentifrice, f. tooth paste

pâtisserie, f. little cakes, pastry shop

Paul, Paul

paupières, f. eyelids

payer, to pay

pêche, f. peach

(se) peigner, to comb your hair

pellicule, f. film

pendant, while, during

pendre, to hang

pension, f. boarding house

perdre, to lose

  se perdre, to get lost

permis de conduire, m. driver's license

(se) peser, to weigh yourself

petit(e), little, small

petit déjeuner, m. breakfast

petite fille, f. girl (little)

petite-fille, f. granddaughter

petit-fils, m. grandson

petits pois, m. pl. peas

peur, j'ai, I'm frightened, I'm afraid

peut, il, elle, he, she can

peut-être, may be, perhaps

peux, je, I can

pharmacie, f. pharmacy, drug store

phonographe, m. phonograph

photographie, f. picture

piano, m. piano

pièce, f. play

pieds, m. feet

piscine, f. swimming pool

place, f. square, plaza

plage, f. beach

plaisir, m. pleasure

  avec plaisir, with pleasure, gladly

plateau, m. tray

pleut, il, it rains

plus, more

  plus mal, worse (more bad)

  plus ou moins, more or less

plusieurs, several

poésie, f. poem

poignet, m. wrist

poire, f. pear

poisson, m. fish

poitrine, f. chest

poivre, m. pepper

polir, to polish

pomme, f. apple

pomme de terre, f. potato
  pommes de terre frites,
    fried potatoes
  purée de pommes de terre,
    mashed potatoes
porte, f. door
portefeuille, m. wallet
porter, to carry
porteur, m. porter
portier, m. doorman
poste, f. post office
poulet, m. chicken
  poulet grillé, grilled chicken
  poulet rôti, roast chicken
pourboire, m. tip
pouvez-vous? can you?
pouvez, vous, you can
prendre, to take
prenez, take
préparer, to prepare
  se préparer, to get ready
près, near, close
pressé(e) je suis, I'm in a hurry
  (pressed for time)
prêt(e), ready
prétendre, to pretend
printemps, m. spring
pris, taken
  j'ai pris, I have taken, I took
professeur, m. professor
programme, m. program
promis, j'ai, I promised
propre, clean
propriétaire, owner
punir, to punish

Q

quand, when
quarante, forty
quart, m. quarter
quatorze, fourteen
quatre, four
quatre-vingt-dix, ninety
quatre-vingts, eighty
que, what
quel, m. what
quelle, f. what
quincaillerie, f. hardware store
quinze, fifteen

R

raccommoder, to mend
radio, f. radio
radis, m. radish
(se) rappeler, to remember
recommander, to recommend
reçu, j'ai, I received
réfléchir, to reflect, think over
refuser, to refuse
regarder, to look at
rendez-vous, m. appointment
rendre, to return (a thing)
rentré(e), je suis, I returned
  home, I got home
rentrer, to return home
repas, m. meal
repasser, to iron
répondre, to answer
(se) reposer, to rest
réserver, to reserve

restaurant, m. restaurant

resté(e), je suis, I stayed
(I am stayed)

rester, to stay

retard, en, late

réussir, to succeed

(se) réveiller, to wake up

revenir, to get back, to return

revenu(e), je suis, I got back,
returned

revue, f. magazine

ri, j'ai, I laughed

ridicule, ridiculous

rien, nothing
rien du tout, nothing at all
de rien, you are welcome

riz, m. rice

Robert, Robert

roman, m. novel

Rome, Rome

rosbif, m. roast beef

rose, f. rose
rose, adj. pink

rôtir, to roast

rouge, red

Russie, f. Russia

S

sa, his, her

sac, m. purse

sais, je ne sais pas, I don't
know (a fact)

salade, f. salad

sale, dirty

salle à manger, f. dining room

salle de bains, f. bathroom

salon, m. living room
salon de thé, tea room

samedi, m. Saturday

sandwich, m. sandwich

sans, without

sardine, f. sardine

sauce, f. gravy

savez-vous? do you know?
(a fact)

savon, m. soap

se, himself, herself, itself,
oneself, themselves

seize, sixteen

sel, m. salt

sept, seven

septembre, m. September

serez-vous? will you be?

serpent, m. snake

serveuse, f. waitress

serviette, f. napkin, towel,
briefcase

ses pl. his, her

signer, to sign

s'il vous plaît, please

six, six

soeur, f. sister

sofa, m. sofa

soir, m. evening
ce soir, tonight
le soir, at night

soixante, sixty

soixante-dix, seventy

sommes, nous, we are

son, his, her (for sing. masc. things)

sont, ils, elles, they are

sorti(e), je suis, I went out (I am gone out)

sortir, to go out

soucoupe, f. saucer

soupe, f. soup

souri, j'ai, I smiled

souris, f. mouse

souvenir, m. souvenir

(se) souvenir, v. to remember

souvent, often

spécialité, f. specialty

statue, f. statue

stylo, m. fountain-pen

sucre, m. sugar

suis, je, I am

suivi, j'ai, I followed

supplémentaire, additional

sur, on

sûrement, surely

suspendre, to hang up

sweater, m. sweater

T

table, f. table

tableau, m. painting

taille, f. waist

tailleur, m. tailor, woman's suit

tante, f. aunt

tard, late

tasse, f. cup

tasse de café, cup of coffee

taxi, m. taxi

teinturerie, f. cleaner, dyer

téléphone, m. phone

téléphoner, to phone

temps, m. weather, time

de temps en temps, from time to time

tennis, m. tennis

tête, f. head

thé, m. tea

théâtre, m. theater

toast, m. toast

tomate, f. tomato

tombé(e), je suis, I fell

tomber, to fall

tôt, early

toujours, always

touriste, m. tourist

tous, m. pl. all

tous les jours, every day

tout, everything

tout de suite, right away

toute, f. all

toute la journée, all day

train, m. train

travail, m. work

travailler, to work

treize, thirteen

trente, thirty

très, very

triste, sad

trois, three

(se) tromper, to make à mistake

trouver, to find

tulipe, f. tulip

U

un, m. a, an, one
une, f. a, an, one
université, f. university

V

va, il, elle, he, she goes
vacances, f. pl. vacation
vais, je, I go, am going
valet, m. valet
valise, f. suitcase
veau, m. veal
vendre, to sell
vendredi, m. Friday
venez! come!
venir, to come
vent, m. wind
venu(e), je suis, I came
   (I am come)
verre, m. glass
   verre d'eau, glass of water
vert(e), green
veut, il, elle, he, she wants
viande, f. meat
viendrai, je, I'll come
viendrez-vous? will you come
ville, f. city
vin, m. wine
vinaigre, m. vinegar
vingt, twenty
violet, m. purple
   violette, f. purple

violon, m. violin
vite, quickly
vitrine, f. shop window
vois, je, I see
vont, ils, elles, they go
vos, m. & f. pl. your
votre, m. & f. sing. your
voudrais, je, I would like,
   would want
voudrait, il, elle, he, she
   would like, would want
voulaient, ils, elles, they wanted
voulais, je, I wanted
voulait, il, elle, he, she wanted
voulez-vous? do you want?
   would you like?
vouliez, vous, you wanted
voulions, nous, we wanted
vous, sing. & pl. you, to you,
   yourself, yourselves
voyager, to travel
voyez-vous? do you see?
vraiment, really, truly
vu, seen
   j'ai vu, I saw
vue, f. view

Y

yeux, m. eyes

Z

zéro, zero

INDEX

253

Simplify your language course with
SEE IT AND SAY IT Records

To make learning more interesting—and—more fun, a set of two twelve-inch long playing, 33⅓ R.P.M. records is now available to accompany each of the "See It and Say It" language books listed below. These high fidelity records of durable vinyl will enable you to:

- Accustom your hearing to the sound of native conversation
- Increase your comprehension of the language
- Perfect your pronunciation through recorded exercises
- Obtain greater fluency in less time

To obtain **maximum** benefit from this course, order your record set today.

ORDER FORM

SIGNET Books for Your Reference Shelf